Tatlı Tariflerim 2023

Lezzetli ve Yaratıcı Kek Tarifleri

Aylin Kaya

dizin

Noelde yakılan kütük 11

paskalya kaputu pastası 13

paskalya simnel pastası 15

12. gece pastası 17

Mikrodalga Elmalı Kek 18

Mikrodalga Elmalı Kek 19

Mikrodalga Elmalı Cevizli Kek 20

Mikrodalga Havuçlu Kek 21

Havuçlu, Ananaslı ve Cevizli Mikrodalga Kek 22

Mikrodalga Baharatlı Kepekli Kek 24

Mikrodalga Muzlu ve Çarkıfelek Meyveli Kek 25

Mikrodalga Fırında Portakallı Cheesecake 26

Mikrodalga Ananaslı Cheesecake 28

Vişne ve Ceviz Mikrodalga Ekmeği 29

Mikrodalga çikolatalı kek 30

Mikrodalga Çikolatalı Bademli Kek 31

Çift Çikolatalı Mikrodalga Kek 33

Mikrodalga çikolata barları 34

Mikrodalga çikolata kareleri 35

Mikrodalgada Hızlı Kahveli Kek 36

Mikrodalga Noel Pastası 37

Mikrodalga Kırıntılı Kek 39

Mikrodalga tarih çubukları 40

Mikrodalga İncir Ekmeği 41

Mikrodalga Flapjack 42

Mikrodalga Meyveli Kek 43

Mikrodalga meyve ve hindistan cevizi kareleri 44

Mikrodalga Fudge Kek 45

Mikrodalga Ballı Ekmek 45

mikrodalgaya uygun zencefilli çubuklar 47

Mikrodalga Altın Kek 48

Mikrodalga Bal ve Fındıklı Kek 48

Mikrodalga çiğneme müsli barları 50

Mikrodalga Cevizli Kek 51

Mikrodalga Portakal Suyu Kek 52

mikrodalga pavlova 53

mikrodalga kek 54

Mikrodalga Çilekli Kek 55

Mikrodalga Pandispanya 56

Sultana Mikrodalga Barlar 57

Mikrodalga Çikolatalı Kurabiye 58

Mikrodalga Hindistan Cevizli Kurabiye 59

Mikrodalga Floransalılar 60

Mikrodalga Fındıklı Vişneli Bisküvi 61

Sultana Mikrodalga Bisküvi 62

Mikrodalga Muzlu Ekmek 63

Mikrodalga Peynirli Ekmek 64

Mikrodalga Cevizli Ekmek 65

Pişmemiş Amaretti Kek 66

Amerikan çıtır pirinç çubukları 67

şam kareleri 68

İsviçre Şam Rulo Kek 69

Kırık Bisküvili Kekler 70

Pişmemiş Ayran Kek 71

kestane dilimi 72

Kestaneli Pandispanya 73

Çikolata ve Badem Barları 75

Gevrek Çikolatalı Kek 76

Çikolata kırıntı kareleri 77

Çikolatalı Dondurmalı Kek 78

Çikolatalı ve Meyveli Kek 79

Çikolata ve zencefilli kareler 80

Lüks çikolata ve zencefilli kareler 81

Ballı Çikolatalı Kurabiye 82

Çikolatalı Katmanlı Kek 83

iyi çikolatalar 84

Çikolatalı Pralin Kareler 85

Hindistan Cevizi Gevrekleri 86

Crunch Çubukları 87

Hindistan Cevizi ve Üzümlü Cips 88

Süt kareleri ile kahve 89

Pişmemiş Meyveli Kek 90

meyveli kareler 91

Meyve ve Lif Çatlakları 92

Nuga Katmanlı Kek 93

Süt ve küçük hindistan cevizi kareleri 94

müsli ezmesi 96

Turuncu mus kareler 97

fıstık kareleri	98
Nane Karamelli Kek	99
pirinç patlakları	100
Pirinç ve Çikolatalı Toffet	101
Badem Ezmesi	102
Şekersiz Badem Ezmesi	103
Kraliyet kreması	104
şekersiz krema	105
fondan krema	106
tereyağı sosu	107
Pasta için çikolata sosu	108
Beyaz Çikolatalı Tereyağı Sosu	109
Kahve Tereyağlı Buzlanma	110
Limon Tereyağı Sosu	111
Portakallı Tereyağı Sosu	112
Krem peynirli dondurmalı kek	113
portakallı krema	114
kremalı turta	115
Danimarka kremalı tart	116
meyveli turtalar	117
ceneviz turtası	119
zencefilli kurabiye	120
jöleli turtalar	121
cevizli turta	122
Cevizli ve Elmalı Tart	123
Gainsborough Tart	124
Limonlu Turta	125

limonlu turtalar 126

portakallı turta 127

Armut Turtası 128

Armutlu ve Bademli Tart 129

Kraliyet Üzümlü Tart 131

Üzümlü ve Ekşi Kremalı Pasta 133

Çilekli Pasta 134

pekmezli turta 136

Cevizli ve pekmezli börek 137

Amish Shoo-uçan kek 138

boston muhallebi dilimi 139

Amerikan Beyaz Dağ Pastası 140

Amerikan Ayran Kek 142

Karayip Zencefilli Romlu Kek 143

Sachertorte 144

Karayip Romlu Kek 146

Danimarka Tereyağlı Kek 148

Danimarka Kakuleli Kek 149

Gateau Pithiviers 150

Galette Des Rois 151

karamel kreması 152

Gugelhopf 153

Lüks Çikolata Gugelhopf 155

çalıntı 157

Badem Stollen 159

Antep fıstığı Stollen 161

baklava 163

Macar stres girdapları 164

Panforte 166

Makarna Kurdele Kek 167

Grand Marnier ile İtalyan Pirinç Keki 168

Sicilyalı pandispanya 169

İtalyan Ricotta Kek 171

İtalyan Erişte Kek 172

İtalyan Cevizli ve Mascarponelu Kek 173

Hollandalı Elmalı Kek 174

Norveç Sade Kek 175

Norveç Kransekakesi 176

Portekiz Hindistan Cevizli Kek 177

İskandinav Tosca Kek 178

Güney Afrika'dan Hertzog kurabiyeleri 179

Bask keki 180

Badem Prizma ve Krem Peynir 182

Karaorman pastası 184

Çikolata ve Bademli Gateau 185

Çikolatalı Cheesecake Gateau 186

Çikolatalı Fudge Gateau 188

Keçiboynuzu Nane Kapısı 190

buzlu kahve kapısı 191

Kahve ve Ceviz Halkalı Gateau 192

Çikolatalı Gateau ve Danimarka Muhallebi 194

meyve kapısı 196

meyve savarini 197

Zencefilli Kurabiye Katmanlı Kek 199

Üzüm ve Şeftali Kapısı 200

limon kapısı 202

Kahverengi Kapı 203

milföy 205

Turuncu Kapı 206

Dört Katlı Portakal Marmelatlı Gateau 207

Pekan ve Hurma Kapısı 209

Erik ve Tarçın Kapısı 211

Budama Katman Geçidi 212

gökkuşağı çizgili kek 214

Gateau St-Honoré 216

Çilek Choux Gateau 218

Noelde yakılan kütük

yapmak

3 yumurta

100 gr / 4 oz / ½ su bardağı pudra şekeri (çok ince)

100 gr / 4 ons / 1 su bardağı sade un (çok amaçlı)

50 gr / 2 ons / ½ fincan sade (yarı tatlı) çikolata, rendelenmiş

15 ml / 1 yemek kaşığı sıcak su

Laminasyon için rafine (çok ince) şeker

Buzlanma için (buzlanma):

175 gr / 6 ons / ¾ fincan tereyağı veya margarin, yumuşatılmış

350 gr / 12 ons / 2 su bardağı pudra şekeri (şekerlemecilerin) elenmiş

30 ml / 2 yemek kaşığı ılık su

30 ml / 2 yemek kaşığı toz kakao (şekersiz çikolata) Süslemek için:

Holly ve pamukçuk yaprakları (isteğe bağlı)

Yumurtaları ve şekeri kaynayan su dolu bir tencerenin üzerine yerleştirilmiş ısıya dayanıklı bir kapta çırpın. Karışım sertleşene kadar çırpmaya devam edin ve çırpıcıyı şeritler halinde bırakın. Ateşten alın ve soğuyana kadar çırpın. Unu ikiye katlayın, ardından çikolatayı, kalan unu ekleyin ve suyu ekleyin. Yağlanmış ve astarlanmış bir rulo tepsiye (jelatin tepsi) aktarın ve önceden ısıtılmış fırında 220°C / 425°F / gaz 7'de yaklaşık 10 dakika dokunana kadar pişirin. Büyük bir parşömen kağıdına (mumlu) pudra şekeri serpin. Pastayı ters çevirin ve kağıdın üzerine yerleştirin ve kenarlarını kesin. Başka bir kağıtla örtün ve kısa kenar boyunca hafifçe sarın.

Krema için tereyağı veya margarini pudra şekeri ile çırpın ve su ve kakaoyu ekleyin. Soğuyan keki açın, kağıdı çıkarın ve kremanın yarısı ile keki yayın. Bir kütüğü andırmak için bir çatalla puan vererek, kalan buzlanma ile yeniden yuvarlayın ve buzlayın. Üzerine biraz pudra şekeri eleyin ve dilediğiniz gibi süsleyin.

paskalya kaputu pastası

20 cm / 8 kek yapar

75 gr / 3 ons / 1/3 su bardağı muscovado şekeri

3 yumurta

75 gr / 3 oz / ¾ fincan kendiliğinden kabaran un (kendinden kabaran)

15 ml / 1 yemek kaşığı kakao (şekersiz çikolata) tozu

15 ml / 1 yemek kaşığı ılık su

Dolgu için:

50 gr / 2 oz / ¼ fincan tereyağı veya margarin, yumuşatılmış

75 gr / 3 ons / ½ fincan krema (şekerlemeci) şekeri, elenmiş

Çatıya:

100 gr / 4 ons / 1 su bardağı sade çikolata (yarı tatlı)

25 gr / 1 ons / 2 yemek kaşığı tereyağı veya margarin

Kurdele veya şeker çiçekleri (isteğe bağlı)

Şeker ve yumurtaları ısıya dayanıklı bir kapta kaynayan su üzerinde çırpın. Karışım kalın ve kremsi olana kadar çırpmaya devam edin. Birkaç dakika bekletin, ocaktan alın ve çırpma teli çekildiğinde karışım iz bırakana kadar tekrar çırpın. Un ve kakaoyu karıştırıp suyu ekleyin. Karışımı yağlanmış ve astarlanmış 20 cm / 8 kek kalıbına (fırın tepsisi) ve yağlanmış ve astarlanmış 15 cm / 6 kek kalıbına dökün. Önceden ısıtılmış fırında 200°C/400°F/gaz işareti 6'da 15–20 dakika iyice kabarana ve dokunulduğunda sertleşene kadar pişirin. Bir tel raf üzerinde soğumaya bırakın.

Dolguyu yapmak için margarini pudra şekeri ile çırpın. Küçük pastayı büyük pastanın üzerine yerleştirmek için kullanın.

Buzlanmayı yapmak için, çikolatayı ve tereyağını veya margarini kaynar su dolu bir tencerenin üzerine yerleştirilmiş ısıya dayanıklı bir kapta eritin. Kekin üzerine muhallebiyi yayın ve üzerini tamamen kaplayacak şekilde sıcak suya batırılmış bir bıçakla yayın. Ağzını bir kurdele veya şeker çiçekleri ile süsleyin.

paskalya simnel pastası

20 cm / 8 kek yapar

225g / 8oz / 1 fincan tereyağı veya margarin, yumuşatılmış

225 gr / 8 ons / 1 su bardağı yumuşak kahverengi şeker

1 limonun rendelenmiş kabuğu

4 çırpılmış yumurta

225 gr / 8 ons / 2 su bardağı sade un (çok amaçlı)

5 ml / 1 tatlı kaşığı kabartma tozu

2,5 ml / ½ çay kaşığı rendelenmiş hindistan cevizi

50 gr / 2 ons / ½ su bardağı mısır unu (mısır nişastası)

100 gr / 4 ons / 2/3 su bardağı kuru üzüm (altın kuru üzüm)

100 gr / 4 ons / 2/3 su bardağı kuru üzüm

75 gr / 3 ons / ½ fincan kuş üzümü

100 gr / 4 ons / ½ fincan sırlı (şekerlenmiş) kiraz, doğranmış

25 gr / 1 ons / ¼ fincan öğütülmüş badem

450 gr / 1 lb badem ezmesi

30 ml / 2 yemek kaşığı kayısı reçeli (konserve)

1 çırpılmış yumurta beyazı

Tereyağı veya margarini, şekeri ve limon kabuğu rendesini hafif ve kabarık olana kadar çırpın. Yavaş yavaş yumurtaları çırpın ve ardından un, kabartma tozu, hindistan cevizi ve mısır unu ekleyin. Meyveleri ve bademleri ekleyin. Karışımın yarısını yağlanmış ve unlanmış 20 cm / 8 derin kek kalıbına (fırın tepsisine) dökün, badem ezmesinin yarısını kek büyüklüğünde açın ve karışımın üzerine yerleştirin. Kalan karışımı doldurun ve önceden ısıtılmış fırında 160°C / 325°F / gaz işareti 3'te 2-2½ saat kızarana kadar pişirin. Şeklinde soğumaya bırakın. Soğuyunca kalıptan çıkarın ve parşömen kağıdına (mumlu) sarın. Olgunlaşmak için mümkünse üç haftaya kadar hava geçirmez bir kapta saklayın.

Pastayı bitirmek için üstünü reçel ile fırçalayın. Kalan badem ezmesinin dörtte üçünü 20 cm'lik bir daire şeklinde açın, kenarlarını kesin ve kekin üzerine yerleştirin. Kalan badem ezmesini 11 top haline getirin (Yahuda'sız öğrencileri temsil etmek için). Kekin üzerine çırpılmış yumurta beyazını sürün ve kekin kenarlarına toplar dizin ve yumurta beyazı ile fırçalayın. Hafifçe kahverengileşmesi için yaklaşık bir dakika boyunca sıcak bir ızgaranın (broyler) altına yerleştirin.

12. gece pastası

20 cm / 8 kek yapar

225g / 8oz / 1 fincan tereyağı veya margarin, yumuşatılmış

225 gr / 8 ons / 1 su bardağı yumuşak kahverengi şeker

4 çırpılmış yumurta

225 gr / 8 ons / 2 su bardağı sade un (çok amaçlı)

5 ml / 1 çay kaşığı öğütülmüş baharatlar (elmalı turta)

175 gr / 6 ons / 1 su bardağı kuru üzüm (altın kuru üzüm)

100 gr / 4 ons / 2/3 su bardağı kuru üzüm

75 gr / 3 ons / ½ fincan kuş üzümü

50 g / 2 oz / ¼ fincan sırlı kiraz (şekerlenmiş)

50 gr / 2 oz / 1/3 su bardağı kıyılmış karışık ağaç kabuğu (şekerlenmiş)

30 ml / 2 yemek kaşığı süt

Süslemek için 12 mum

    Hafif ve kabarık olana kadar tereyağı veya margarin ve şekeri çırpın. Yavaş yavaş yumurtaları çırpın, ardından un, karışık baharatlar, meyve ve kabukları ekleyin ve çok pürüzsüz olana kadar karıştırın, gerekirse biraz süt ekleyerek pürüzsüz bir karışım elde edin. Yağlanmış ve yağlanmış 20 cm / 8'lik bir kalıba bir kaşıkla aktarın ve önceden ısıtılmış fırında 180 °C / 350 °F / gaz işareti 4'te ortasına batırdığınız bir kürdan temiz çıkana kadar 2 saat pişirin.

Dışarı çıkmak

Mikrodalga Elmalı Kek

23 cm / 9 kare yapar

100 gr / 4 ons / ½ fincan tereyağı veya margarin, yumuşatılmış

100 gr / 4 ons / ½ fincan yumuşak kahverengi şeker

30 ml / 2 yemek kaşığı altın pekmez (hafif mısır)

2 yumurta, hafifçe çırpılmış

225 gr / 8 ons / 2 su bardağı kendiliğinden kabaran un (kendinden kabaran)

10 ml / 2 çay kaşığı öğütülmüş baharatlar (elmalı turta)

120 ml / 4 fl oz / ½ bardak süt

2 pişirme elma (turta), soyulmuş, özlü ve ince dilimlenmiş

15 ml / 1 yemek kaşığı pudra şekeri (çok ince)

5 ml / 1 çay kaşığı toz tarçın

Tereyağı veya margarini, esmer şekeri ve şurubu hafif ve kabarık olana kadar çırpın. Yumurtaları azar azar ekleyin. Un ve baharatları birlikte karıştırın, ardından sütü pürüzsüz olana kadar ekleyin. Elmaları topla. Yağlanmış ve astarlanmış 23 cm/9 tabanlı bir mikrodalga halka kalıbına (tüp tava) dökün ve sertleşene kadar Orta derecede 12 dakika mikrodalgaya koyun. 5 dakika bekletin, sonra ters çevirin ve pudra şekeri ve tarçın serpin.

Mikrodalga Elmalı Kek

20 cm / 8 kek yapar

100 gr / 4 ons / ½ fincan tereyağı veya margarin, yumuşatılmış

175 gr / 6 ons / ¾ fincan yumuşak kahverengi şeker

1 yumurta, hafifçe çırpılmış

175 gr / 6 ons / 1½ fincan sade un (çok amaçlı)

2,5 ml / ½ çay kaşığı kabartma tozu

biraz tuz

2,5 ml / ½ çay kaşığı öğütülmüş yenibahar

1,5 ml / ¼ çay kaşığı rendelenmiş hindistan cevizi

1,5 ml / ¼ çay kaşığı öğütülmüş karanfil

300 ml / ½ pt / 1¼ su bardağı şekersiz elma püresi (sos)

75 gr / 3 ons / ½ su bardağı kuru üzüm

üzerine serpmek için pudra şekeri

Hafif ve kabarık olana kadar tereyağı veya margarin ve kahverengi şekeri çırpın. Yavaş yavaş yumurtayı ekleyin ve un, kabartma tozu, tuz ve baharatları elma püresi ve kuru üzüm ile dönüşümlü olarak ekleyin. Kare bir mikrodalga plaka üzerinde yağlanmış ve unlanmış 20cm/8 kepçeye aktarın ve 12 dakika yüksekte mikrodalgaya koyun. Tepside soğumaya bırakın, kareler halinde kesin ve pudra şekeri serpin.

Mikrodalga Elmalı Cevizli Kek

20 cm / 8 kek yapar

175 gr / 6 ons / ¾ fincan tereyağı veya margarin, yumuşatılmış

100 gr / 4 oz / ½ su bardağı pudra şekeri (çok ince)

3 yumurta, hafifçe çırpılmış

30 ml / 2 yemek kaşığı altın pekmez (hafif mısır)

1 limonun rendelenmiş kabuğu ve suyu

175g / 6oz / 1½ fincan kendiliğinden kabaran un

50 gr / 2 ons / ½ fincan ceviz, kıyılmış

1 yeme (tatlı) elma, soyulmuş, özlü ve doğranmış

100 gr / 4 ons / 2/3 su bardağı pudra şekeri (şekerlemeler)

30 ml / 2 yemek kaşığı limon suyu

15 ml / 1 yemek kaşığı su

Süslemek için yarım ceviz

Tereyağı veya margarini ve pudra şekerini hafif ve kabarık olana kadar çırpın. Yavaş yavaş yumurtaları, ardından şurubu, limon kabuğunu ve suyunu ekleyin. Unu, kıyılmış cevizi ve elmayı ekleyin. Yağlanmış 20 cm / 8'lik bir mikrodalga kabına dökün ve 4 dakika yüksekte mikrodalgaya koyun. Fırından çıkarın ve alüminyum folyo ile kaplayın. Soğumaya bırakın. Pürüzsüz bir buzlanma (buzlanma) oluşturmak için pudra şekerini limon suyu ve yeterli su ile karıştırın. Kekin üzerine yayın ve ceviz yarımlarıyla süsleyin.

Mikrodalga Havuçlu Kek

18 cm / 7 kek yapar

100 gr / 4 ons / ½ fincan tereyağı veya margarin, yumuşatılmış

100 gr / 4 ons / ½ fincan yumuşak kahverengi şeker

2 çırpılmış yumurta

1 portakalın rendelenmiş kabuğu ve suyu

2,5 ml / ½ çay kaşığı toz tarçın

Bir tutam rendelenmiş hindistan cevizi

100g / 4oz havuç, rendelenmiş

100 g / 4 oz / 1 su bardağı kendiliğinden kabaran un (kendinden kabaran)

25 gr / 1 ons / ¼ fincan öğütülmüş badem

25 gr / 1 ons / 2 yemek kaşığı pudra şekeri (çok ince)

Çatıya:

100 gr / 4 ons / ½ su bardağı krem peynir

50 gr / 2 ons / 1/3 su bardağı pudra şekeri, elenmiş

30 ml / 2 yemek kaşığı limon suyu

Tereyağı ve şekeri hafif ve kabarık olana kadar çırpın. Yavaş yavaş yumurtaları ekleyin, ardından portakal suyu ve kabuğunu, baharatları ve havuçları ekleyin. Un, badem ve şekeri birleştirin. Yağlanmış ve astarlanmış 18 cm / 7 kek kalıbına dökün ve üzerini streç filmle (plastik sargı) kapatın. Ortasına batırdığınız bir şiş temiz çıkana kadar 8 dakika yüksek mikrodalgada pişirin. Plastik sargıyı çıkarın ve soğutmayı bitirmek için bir tel rafa yerleştirmeden önce 8 dakika bekletin. Üzeri için malzemeleri çırpın ve soğuyan kekin üzerine yayın.

Havuçlu, Ananaslı ve Cevizli Mikrodalga Kek

20 cm / 8 kek yapar

225 gr / 8 ons / 1 su bardağı pudra şekeri (çok ince)

2 yumurta

120 ml / 4 fl oz / ½ su bardağı sıvı yağ

1,5 ml / ¼ çay kaşığı tuz

5 ml / 1 çay kaşığı karbonat (kabartma tozu)

100 g / 4 oz / 1 su bardağı kendiliğinden kabaran un (kendinden kabaran)

5 ml / 1 çay kaşığı toz tarçın

175g / 6oz havuç, rendelenmiş

75 gr / 3 ons / ¾ fincan ceviz, kıyılmış

225 gr / 8 oz ezilmiş ananas suyuyla birlikte

                    Buzlanma için (buzlanma):

15 gr / ½ ons / 1 yemek kaşığı tereyağı veya margarin

50 gr / 2 ons / ¼ fincan krem peynir

10 ml / 2 çay kaşığı limon suyu

Pudra şekeri, elenmiş

Büyük bir halka kalıbı (tüp şekli) parşömenle kaplayın. Şeker, yumurta ve yağı çırpın. İyice birleştirilene kadar kuru malzemeleri yavaşça karıştırın. Kalan kek malzemelerini ekleyin. Karışımı hazırlanan tavaya dökün, bir tel rafa veya ters çevrilmiş bir plakaya yerleştirin ve 13 dakika veya katılaşana kadar yüksek derecede mikrodalgaya koyun. 5 dakika dinlendirdikten sonra soğuması için fırına verin.

Bu arada üstünü yapın. Tereyağı veya margarini, krem peyniri ve limon suyunu bir kaseye koyun ve mikrodalgada 30-40 saniye pişirin. Yeteri kadar pudra şekerini azar azar ekleyerek koyu bir kıvam elde edin ve krema kıvamına gelene kadar çırpın. Kek soğuyunca muhallebinin üzerine yayın.

Mikrodalga Baharatlı Kepekli Kek

15 yıl önce

75 gr / 3 ons / ¾ fincan Tam Kepekli tahıl

250 ml / 8 fl oz / 1 su bardağı süt

175 gr / 6 ons / 1½ fincan sade un (çok amaçlı)

75 gr / 3 ons / 1/3 su bardağı pudra şekeri (çok ince)

10 ml / 2 çay kaşığı kabartma tozu

10 ml / 2 çay kaşığı öğütülmüş baharatlar (elmalı turta)

biraz tuz

60 ml / 4 yemek kaşığı altın pekmez (hafif mısır)

45 ml / 3 yemek kaşığı sıvı yağ

1 yumurta, hafifçe çırpılmış

75 gr / 3 ons / ½ su bardağı kuru üzüm

15 ml / 1 yemek kaşığı rendelenmiş portakal kabuğu

Mısır gevreğini 10 dakika sütte bekletin. Un, şeker, kabartma tozu, baharat ve tuzu karıştırın ve mısır gevreğine karıştırın. Pekmezi, zeytinyağını, yumurtayı, kuru üzümü ve portakal kabuğunu ekleyin. Kağıt bardaklara (kek kağıtları) dökün ve beş keki aynı anda yüksek derecede 4 dakika mikrodalgada pişirin. Kalan kekler için tekrarlayın.

Mikrodalga Muzlu ve Çarkıfelek Meyveli Kek

23 cm / 9 kek yapar

100 gr / 4 oz / ½ su bardağı eritilmiş tereyağı veya margarin

175 gr / 6 ons / 1½ fincan zencefilli ekmek kırıntısı (bisküvi)

250 gr / 9 ons / 1 su bardağı bol krem peynir

175 ml / 6 fl oz / ¾ fincan ekşi krema (laktik asit)

2 yumurta, hafifçe çırpılmış

100 gr / 4 oz / ½ su bardağı pudra şekeri (çok ince)

1 limonun rendelenmiş kabuğu ve suyu

150 ml / ¼ puan / 2/3 su bardağı krema

1 muz, dilimlenmiş

1 tutku meyvesi kıyılmış

Tereyağı veya margarini ve kurabiye kırıntılarını birleştirin ve mikrodalgaya uygun 23 cm / 9 cm'lik tart kalıbının tabanına ve yanlarına bastırın. 1 dakika boyunca yüksek mikrodalga. Soğumaya bırakın.

> Krem peynir ve kremayı pürüzsüz olana kadar çırpın, ardından yumurta, şeker, limon suyu ve kabuğunu ekleyin. Tabana yayın ve eşit şekilde yayın. Orta derecede 8 dakika pişirin. Soğumaya bırakın.

Kremayı katılaşana kadar çırpın ve kalıbın üzerine yayın. Muz dilimleri ile kaplayın ve çarkıfelek meyvesi posası ile kaplayın.

Mikrodalga Fırında Portakallı Cheesecake

20 cm / 8 kek yapar

50 gr / 2 ons / ¼ fincan tereyağı veya margarin

12 sindirim bisküvi (Graham kraker), ezilmiş

100 gr / 4 oz / ½ su bardağı pudra şekeri (çok ince)

225 gr / 8 ons / 1 su bardağı krem peynir

2 yumurta

30 ml / 2 yemek kaşığı konsantre portakal suyu

15 ml / 1 yemek kaşığı limon suyu

150 ml / ¼ puan / 2/3 su bardağı ekşi krema (laktik asit)

biraz tuz

1 portakal

30 ml / 2 yemek kaşığı kayısı reçeli (konserve)

150 ml / ¼ pt / 2/3 su bardağı krema (ağır)

Tereyağını veya margarini 20 cm / 8 mikrodalga puding tavasında yüksek güçte 1 dakika eritin. Bisküvi kırıntılarını ve 25 g / 1 oz / 2 yemek kaşığı şekeri birleştirin ve tabağın tabanına ve kenarlarına bastırın. Peyniri kalan şeker ve yumurtalarla çırpın, ardından portakal ve limon sularını, kremayı ve tuzu ekleyin. Kalıba yerleştirin (soyun) ve 2 dakika yüksekte mikrodalgaya koyun. 2 dakika bekletin, ardından 2 dakika daha yüksek mikrodalgada pişirin. 1 dakika bekletin, ardından mikrodalgada 1 dakika yüksekte tutun. Soğumaya bırakın.

Portakalı soyun ve keskin bir bıçak kullanarak zar parçalarını çıkarın. Reçeli eritin ve cheesecake'in üzerine sürün.

Cheesecake'in kenarlarına kremayı bir tüp ile çırpın ve portakal dilimleri ile süsleyin.

Mikrodalga Ananaslı Cheesecake

23 cm / 9 kek yapar

100 gr / 4 oz / ½ su bardağı eritilmiş tereyağı veya margarin

175 gr / 6 ons / 1½ fincan sindirilebilir bisküvi kırıntıları (Graham krakerleri)

250 gr / 9 ons / 1 su bardağı bol krem peynir

2 yumurta, hafifçe çırpılmış

5 ml / 1 çay kaşığı rendelenmiş limon kabuğu

30 ml / 2 yemek kaşığı limon suyu

75 gr / 3 ons / 1/3 su bardağı pudra şekeri (çok ince)

400 gr / 14 ons / 1 büyük kutu ananas, süzülmüş ve ezilmiş

150 ml / ¼ pt / 2/3 su bardağı krema (ağır)

Tereyağı veya margarini ve kurabiye kırıntılarını birleştirin ve mikrodalgaya uygun 23 cm / 9 cm'lik tart kalıbının tabanına ve yanlarına bastırın. 1 dakika boyunca yüksek mikrodalga. Soğumaya bırakın.

> Krem peynir, yumurta, limon kabuğu rendesi, meyve suyu ve şekeri pürüzsüz olana kadar çırpın. Ananası ekleyin ve tabanın üzerine yerleştirin. Sertleşene kadar 6 dakika orta derecede mikrodalga. Soğumaya bırakın.

Kremayı sertleşene kadar çırpın, ardından cheesecake'in üzerine dökün.

Vişne ve Ceviz Mikrodalga Ekmeği

900 g / 2 lb somun yapar

175 gr / 6 ons / ¾ fincan tereyağı veya margarin, yumuşatılmış

175 gr / 6 ons / ¾ fincan yumuşak kahverengi şeker

3 çırpılmış yumurta

225 gr / 8 ons / 2 su bardağı sade un (çok amaçlı)

10 ml / 2 çay kaşığı kabartma tozu

biraz tuz

45 ml / 3 yemek kaşığı süt

75 gr / 3 ons / 1/3 su bardağı sırlı kiraz (şekerlenmiş)

75 gr / 3 ons / ¾ fincan kıyılmış karışık kuruyemiş

25 g / 1 ons / 3 yemek kaşığı krema (şekerleme) şekeri, elenmiş

Hafif ve kabarık olana kadar tereyağı veya margarin ve kahverengi şekeri çırpın. Yavaş yavaş yumurtaları çırpın, ardından un, kabartma tozu ve tuzu ekleyin. Pürüzsüz bir kıvam elde etmek için yeterli sütü karıştırın, ardından kirazları ve cevizleri ekleyin. Yağlanmış ve astarlanmış 900 g / 2 lb mikrodalgaya uygun bir kek kalıbına dökün ve üzerine şeker serpin. 7 dakika boyunca yüksek mikrodalga. 5 dakika bekletin, ardından soğutmayı bitirmek için bir tel ızgara üzerine yerleştirin.

Mikrodalga çikolatalı kek

18 cm / 7 kek yapar

225g / 8oz / 1 fincan tereyağı veya margarin, yumuşatılmış

175 gr / 6 ons / ¾ fincan pudra şekeri (çok ince)

150 gr / 5 oz / 1¼ fincan kendiliğinden kabaran un (kendinden kabaran)

50g / 2oz / ¼ fincan kakao (şekersiz çikolata) tozu

5 ml / 1 tatlı kaşığı kabartma tozu

3 çırpılmış yumurta

45 ml / 3 yemek kaşığı süt

Tüm malzemeleri karıştırın ve yağlanmış ve astarlanmış 18 cm / 7 cm'lik mikrodalgaya uygun bir kaba koyun. Dokunulduğunda sertleşene kadar 9 dakika yüksek mikrodalgada pişirin. Tavada 5 dakika soğutun, ardından soğutmayı bitirmek için bir tel ızgara üzerine yerleştirin.

Mikrodalga Çikolatalı Bademli Kek

20 cm / 8 kek yapar

kek için:

100 gr / 4 ons / ½ fincan tereyağı veya margarin, yumuşatılmış

100 gr / 4 oz / ½ su bardağı pudra şekeri (çok ince)

2 yumurta, hafifçe çırpılmış

100 g / 4 oz / 1 su bardağı kendiliğinden kabaran un (kendinden kabaran)

50g / 2oz / ½ fincan kakao (şekersiz çikolata) tozu

50 gr / 2 ons / ½ fincan öğütülmüş badem

150 ml / ¼ puan / 2/3 su bardağı süt

60 ml / 4 yemek kaşığı altın pekmez (hafif mısır)

Buzlanma için (buzlanma):

100 gr / 4 ons / 1 su bardağı sade çikolata (yarı tatlı)

25 gr / 1 ons / 2 yemek kaşığı tereyağı veya margarin

8 bütün badem

Pastayı yapmak için tereyağı veya margarin ve şekeri hafif ve kabarık olana kadar çırpın. Yavaş yavaş yumurtaları çırpın, ardından un ve kakaoyu ve ardından öğütülmüş bademleri ekleyin. Süt ve şurubu ekleyin ve hafif ve kabarık bir krema elde edene kadar çırpın. Plastik sargı (plastik sargı) ile kaplı 20 cm / 8 mikrodalgaya uygun bir kaseye aktarın ve 4 dakika yüksekte mikrodalgaya koyun. Fırından çıkarın, alüminyum folyo ile örtün ve biraz soğumaya bırakın, ardından soğuması için fırına koyun.

Buzlanmayı yapmak için çikolatayı ve tereyağını veya margarini 2 dakika yüksekte eritin. İyi döv. Ortadan ikiye böldüğünüz bademleri çikolataya batırıp yağlı kağıt üzerinde dinlendirin.

Kalan kremayı kekin üzerine dökün ve üstüne ve yanlarına yayın. Üzerini bademlerle süsleyip katılaşmaya bırakın.

Çift Çikolatalı Mikrodalga Kek

8 yapar

150 gr / 5 ons / 1¼ su bardağı sade (yarı tatlı) çikolata, iri kıyılmış

75 gr / 3 ons / 1/3 fincan tereyağı veya margarin

175 gr / 6 ons / ¾ fincan yumuşak kahverengi şeker

2 yumurta, hafifçe çırpılmış

150 gr / 5 ons / 1¼ su bardağı sade un (çok amaçlı)

2,5 ml / ½ çay kaşığı kabartma tozu

2,5 ml / ½ çay kaşığı vanilya özü (ekstraktı)

30 ml / 2 yemek kaşığı süt

50 gr / 2 oz / ½ fincan çikolatayı tereyağ veya margarin ile yüksek derecede 2 dakika eritin. Şeker ve yumurtaları ekleyin, un, maya, vanilya esansı ve sütü pürüzsüz olana kadar ekleyin. Mikrodalgaya uygun kare bir tabakta yağlanmış 20 cm / 8'lik bir kaseye aktarın ve mikrodalgada 7 dakika yüksekte mikrodalga yapın. 10 dakika tepside soğumaya bırakın. Kalan çikolatayı 1 dakika yüksekte eritin, kekin üzerine yayın ve soğumaya bırakın. Kareler halinde kesin.

Mikrodalga çikolata barları

8 yapar

50 gr / 2 ons / 1/3 su bardağı çekirdeksiz hurma, doğranmış

60 ml / 4 yemek kaşığı kaynar su

65 gr / 2½ ons / 1/3 fincan tereyağı veya margarin, yumuşatılmış

225 gr / 8 ons / 1 su bardağı pudra şekeri (çok ince)

1 yumurta

100 gr / 4 ons / 1 su bardağı sade un (çok amaçlı)

10 ml / 2 çay kaşığı kakao (şekersiz çikolata) tozu

2,5 ml / ½ çay kaşığı kabartma tozu

biraz tuz

25 gr / 1 ons / ¼ fincan kıyılmış karışık kuruyemiş

100 gr / 4 ons / 1 su bardağı sade (yarı tatlı) çikolata, ince kıyılmış

Hurmaları kaynayan su ile karıştırın ve soğuyana kadar bekletin. Tereyağı veya margarini şekerin yarısı ile hafif ve kabarık olana kadar çırpın. Yavaş yavaş yumurtayı ekleyin ve ardından un, kakao, kabartma tozu, tuz ve hurma karışımını dönüşümlü olarak ekleyin. Yağlanmış ve unlanmış 20 cm / 8 mikrodalga kabına dökün, kalan şekeri fındık ve çikolata ile karıştırın ve hafifçe bastırarak üzerine serpin. 8 dakika boyunca yüksek mikrodalgada. Karelere ayırmadan önce tepside soğumaya bırakın.

Mikrodalga çikolata kareleri

16 yıl önce

kek için:

50 gr / 2 ons / ¼ fincan tereyağı veya margarin

5 ml / 1 çay kaşığı pudra şekeri (çok ince)

75g / 3oz / ¾ fincan sade un (çok amaçlı)

1 yumurta sarısı

15 ml / 1 yemek kaşığı su

175 gr / 6 ons / 1½ su bardağı sade (yarı tatlı) çikolata, rendelenmiş veya kıyılmış

Çatıya:

50g / 2 oz / ¼ fincan tereyağı veya margarin

50 g / 2 oz / ¼ fincan pudra şekeri (çok ince)

1 yumurta

2,5 ml / ½ çay kaşığı vanilya özü (ekstraktı)

100 gr / 4 ons / 1 su bardağı ceviz, kıyılmış

Keki yapmak için tereyağı veya margarini yumuşatıp üzerine şeker, un, yumurta sarısı ve suyu ekleyin. Karışımı 20cm/8 kare bir mikrodalga kabına eşit şekilde yayın ve 2 dakika yüksekte mikrodalga yapın. Üzerine çikolata serpin ve mikrodalgada 1 dakika yüksekte pişirin. Tabanın üzerine eşit şekilde yayın ve oturmasına izin verin.

Üzerini hazırlamak için tereyağını veya margarini mikrodalgada 30 saniye yüksekte ısıtın. Kalan malzemeleri de ekleyip çikolatanın üzerine yayın. 5 dakika boyunca yüksek mikrodalgada. Soğumaya bırakın ve kareler halinde kesin.

Mikrodalgada Hızlı Kahveli Kek

Pastada 19 cm / 7 yapar

kek için:

225g / 8oz / 1 fincan tereyağı veya margarin, yumuşatılmış

225 gr / 8 ons / 1 su bardağı pudra şekeri (çok ince)

225 gr / 8 ons / 2 su bardağı kendiliğinden kabaran un (kendinden kabaran)

5 yumurta

45 ml / 3 yemek kaşığı kahve özü (ekstrakt)

Buzlanma için (buzlanma):

30 ml / 2 yemek kaşığı kahve özü (ekstraktı)

175 gr / 6 ons / ¾ fincan tereyağı veya margarin

Pudra şekeri, elenmiş

Süslemek için yarım ceviz

Tüm kek malzemelerini iyice karışana kadar karıştırın. Mikrodalgaya uygun iki 19 cm / 7 kek kalıbına bölün ve her birini 5-6 dakika yüksekte pişirin. Mikrodalgadan çıkarın ve soğumaya bırakın.

Tatlandırmak için pudra şekeri ile tatlandırmak için tepe malzemelerini karıştırın. Soğuyunca kekleri muhallebinin yarısı ile kaplayın ve kalanını üzerine yayın. Yarım cevizle süsleyin.

Mikrodalga Noel Pastası

23 cm / 9 kek yapar

150 gr / 5 ons / 2/3 fincan tereyağı veya margarin, yumuşatılmış

150 gr / 5 ons / 2/3 fincan yumuşak kahverengi şeker

3 yumurta

30ml / 2 yemek kaşığı çörek otu pekmezi (pekmez)

225 gr / 8 ons / 2 su bardağı kendiliğinden kabaran un (kendinden kabaran)

10 ml / 2 çay kaşığı öğütülmüş baharatlar (elmalı turta)

2,5 ml / ½ çay kaşığı rendelenmiş hindistan cevizi

2,5 ml / ½ çay kaşığı kabartma tozu (kabartma tozu)

450 gr / 1 lb / 22/3 fincan karışık kuru meyve (meyveli kek karışımı)

50 g / 2 oz / ¼ fincan sırlı kiraz (şekerlenmiş)

50 gr / 2 oz / 1/3 su bardağı kıyılmış karışık ağaç kabuğu

50 gr / 2 ons / ½ fincan kıyılmış karışık kuruyemiş

30 ml / 2 yemek kaşığı brendi

Pastayı olgunlaştırmak için ek brendi (isteğe bağlı)

Tereyağı veya margarin ve şekeri hafif ve kabarık olana kadar çırpın. Yavaş yavaş yumurta ve pekmezi ilave edin, ardından un, baharatlar ve kabartma tozu ekleyin. Meyveleri, kabukları ve yemişleri yavaşça karıştırın, ardından brendiyi ekleyin. Mikrodalgaya uygun bir plaka üzerinde taban astarlı 23 cm / 9 kaşık üzerine aktarın ve 45-60 dakika mikrodalgada pişirin. Soğutmayı bitirmek için bir tel rafa aktarmadan önce tavada 15 dakika soğutun.

Soğuyunca keki folyoya sarın ve serin, karanlık bir yerde 2 hafta saklayın. İstenirse, pastanın üstünü ince bir şişle birkaç kez delin ve biraz daha brendi serpin, ardından pastayı tekrar sarın ve saklayın. Daha zengin bir pasta oluşturmak için bunu birkaç kez yapabilirsiniz.

Mikrodalga Kırıntılı Kek

20 cm / 8 kek yapar

300g / 10oz / 1¼ su bardağı pudra şekeri (çok ince)

225 gr / 8 ons / 2 su bardağı sade un (çok amaçlı)

10 ml / 2 çay kaşığı kabartma tozu

5 ml / 1 çay kaşığı toz tarçın

100 gr / 4 ons / ½ fincan tereyağı veya margarin, yumuşatılmış

2 yumurta, hafifçe çırpılmış

100 ml / 3½ fl oz / 6½ yemek kaşığı süt

Şeker, un, kabartma tozu ve tarçını karıştırın. Tereyağı veya margarini ekleyin ve karışımın dörtte birini ayırın. Yumurtaları ve sütü birlikte çırpın ve kek karışımının daha büyük kısmına çırpın. Karışımı yağlanmış ve unlanmış 20 cm / 8 mikrodalga kabına dökün ve ayırdığınız kırıntı karışımını üzerine serpin. 10 dakika boyunca yüksek mikrodalga. Tepside soğumaya bırakın.

Mikrodalga tarih çubukları

12 yıl önce

150 gr / 5 ons / 1¼ fincan kendiliğinden kabaran un

175 gr / 6 ons / ¾ fincan pudra şekeri (çok ince)

100 gr / 4 ons / 1 su bardağı kurutulmuş hindistan cevizi (rendelenmiş)

100 gr / 4 ons / 2/3 su bardağı çekirdeksiz hurma (çekirdekleri çıkarılmış), doğranmış

50 gr / 2 ons / ½ fincan kıyılmış karışık kuruyemiş

100 gr / 4 oz / ½ su bardağı eritilmiş tereyağı veya margarin

1 yumurta, hafifçe çırpılmış

üzerine serpmek için pudra şekeri

Kuru malzemeleri karıştırın. Tereyağı veya margarini ve yumurtayı ekleyin ve sert bir hamur elde edinceye kadar karıştırın. 20 cm / 8 kare bir mikrodalga tabağın tabanına bastırın ve sertleşene kadar 8 dakika Orta ayarda mikrodalgaya koyun. Plaka üzerinde 10 dakika bekletin, çubuklar halinde kesin ve soğutmayı bitirmek için bir tel ızgara üzerine yerleştirin.

Mikrodalga İncir Ekmeği

675 g / 1½ lb ekmek yapar

100 gr / 4 ons / 2 su bardağı kepek

50 gr / 2 ons / ¼ fincan yumuşak kahverengi şeker

45 ml / 3 yemek kaşığı saf bal

100 gr / 4 ons / 2/3 su bardağı doğranmış kuru incir

50 gr / 2 ons / ½ su bardağı kıyılmış fındık

300 ml / ½ pt / 1¼ su bardağı süt

100 gr / 4 oz / 1 su bardağı kepekli un (tam buğday)

10 ml / 2 çay kaşığı kabartma tozu

biraz tuz

Sert bir hamur elde edene kadar tüm malzemeleri karıştırın. Mikrodalgaya uygun bir ekmek kalıbına şekil verin ve yüzeyi düzeltin. 7 dakika yüksekte pişirin. Tavada 10 dakika soğumaya bırakın ve soğumasını bitirmek için fırına koyun.

Mikrodalga Flapjack

24 yıl önce

175 gr / 6 ons / ¾ fincan tereyağı veya margarin, yumuşatılmış

50 g / 2 oz / ¼ fincan pudra şekeri (çok ince)

50 gr / 2 ons / ¼ fincan yumuşak kahverengi şeker

90 ml / 6 yemek kaşığı altın pekmez (hafif mısır)

biraz tuz

275 gr / 10 ons / 2½ su bardağı yulaf ezmesi

Tereyağı veya margarini ve şekeri geniş bir kapta birleştirin ve 1 dakika yüksekte pişirin. Kalan malzemeleri ekleyin ve iyice karıştırın. Karışımı yağlanmış 18 cm / 7 cm'lik mikrodalgaya uygun bir kaba dökün ve hafifçe bastırın. 5 dakika yüksekte pişirin. Biraz soğumaya bırakın ve kareler halinde kesin.

Mikrodalga Meyveli Kek

18 cm / 7 kek yapar

175 gr / 6 ons / ¾ fincan tereyağı veya margarin, yumuşatılmış

175 gr / 6 ons / ¾ fincan pudra şekeri (çok ince)

1 limonun rendelenmiş kabuğu

3 çırpılmış yumurta

225 gr / 8 ons / 2 su bardağı sade un (çok amaçlı)

5 ml / 1 çay kaşığı öğütülmüş baharatlar (elmalı turta)

225 gr / 8 ons / 11/3 su bardağı kuru üzüm

225g / 8oz / 11/3 su bardağı kuru üzüm (altın kuru üzüm)

50 g / 2 oz / ¼ fincan sırlı kiraz (şekerlenmiş)

50 gr / 2 ons / ½ fincan kıyılmış karışık kuruyemiş

15 ml / 1 yemek kaşığı altın pekmez (hafif mısır)

45 ml / 3 yemek kaşığı brendi

Tereyağı veya margarin ve şekeri hafif ve kabarık olana kadar çırpın. Limon kabuğunu ekleyin ve yumurtaları yavaş yavaş çırpın. Un ve karışık baharatları ilave edin, ardından kalan malzemeleri ilave edin. Yuvarlak bir mikrodalga fırın kabına yağlanmış ve astarlanmış 18 cm / 7 cm'lik bir kaseye dökün ve ortasına batırdığınız bir kürdan temiz çıkana kadar 35 dakika düşük ayarda mikrodalgada pişirin. Tavada 10 dakika soğumaya bırakın ve soğumasını bitirmek için fırına koyun.

Mikrodalga meyve ve hindistan cevizi kareleri

8 yapar

50 gr / 2 ons / ¼ fincan tereyağı veya margarin

9 sindirim bisküvisi (Graham kraker), ezilmiş

50 gr / 2 ons / ½ su bardağı kurutulmuş hindistan cevizi (rendelenmiş)

100 gr / 4 oz / 2/3 su bardağı kıyılmış karışık kabuk (şekerlenmiş)

50 gr / 2 ons / 1/3 su bardağı çekirdeksiz hurma, doğranmış

15 ml / 1 yemek kaşığı sade un (çok amaçlı)

25 gr / 1 ons / 2 yemek kaşığı sırlı (şekerlenmiş) kiraz, doğranmış

100 gr / 4 ons / 1 su bardağı ceviz, kıyılmış

150 ml / ¼ puan / 2/3 su bardağı yoğunlaştırılmış süt

Tereyağını veya margarini 20 cm/8 kare mikrodalga kabında 40 saniye yüksekte eritin. Bisküvi kırıntılarını karıştırın ve tabağın tabanına eşit şekilde yayın. Hindistan cevizini ve ardından karışık kabukları serpin. Hurmaları un, kiraz ve fındıkla karıştırıp üzerine serpin ve sütün üzerine dökün. 8 dakika boyunca yüksek mikrodalgada. Tepside soğumaya bırakın ve kare kare kesin.

Mikrodalga Fudge Kek

20 cm / 8 kek yapar

150 gr / 5 ons / 1¼ su bardağı sade un (çok amaçlı)

5 ml / 1 tatlı kaşığı kabartma tozu

Bir tutam kabartma tozu (kabartma tozu)

biraz tuz

300g / 10oz / 1¼ su bardağı pudra şekeri (çok ince)

50 gr / 2 oz / ¼ fincan tereyağı veya margarin, yumuşatılmış

250 ml / 8 fl oz / 1 su bardağı süt

Birkaç damla vanilya özü (özü)

1 yumurta

100 gr / 4 ons / 1 su bardağı kıyılmış saf (yarı tatlı) çikolata

50g / 2oz / ½ fincan kıyılmış karışık kuruyemiş

pasta için çikolata sosu

Un, kabartma tozu, kabartma tozu ve tuzu karıştırın. Şekeri ekleyin ve tereyağı veya margarini, sütü ve vanilya özünü pürüzsüz olana kadar çırpın. Yumurtayı ekleyin. Çikolatanın dörtte üçünü yüksek ısıda 2 dakika eriyene kadar mikrodalgada ısıtın, ardından kek karışımını kabarana kadar çırpın. Fındıkları ekleyin. Karışımı yağlanmış ve unlanmış iki 20 cm/8 mikrodalga kabına dökün ve her birini ayrı ayrı 8 dakika mikrodalgaya koyun. Fırından çıkarın, alüminyum folyo ile örtün ve 10 dakika soğumaya bırakın, ardından soğuması için fırına koyun. Tereyağlı kremanın (krema) yarısı ile sandviç yapın, kalan kremayı üstüne yayın ve ayrılmış çikolata ile süsleyin.

Mikrodalga Ballı Ekmek

20 cm / 8 kek yapar

50 gr / 2 ons / ¼ fincan tereyağı veya margarin

75 gr / 3 oz / ¼ fincan siyah pekmez (pekmez)

15 ml / 1 yemek kaşığı pudra şekeri (çok ince)

100 gr / 4 ons / 1 su bardağı sade un (çok amaçlı)

5 ml / 1 çay kaşığı toz zencefil

2,5 ml / ½ çay kaşığı öğütülmüş baharatlar (elmalı turta)

2,5 ml / ½ çay kaşığı kabartma tozu (kabartma tozu)

1 çırpılmış yumurta

Tereyağını veya margarini bir kaseye koyun ve mikrodalgada 30 saniye yüksekte pişirin. Pekmezi ve şekeri ekleyip mikrodalgada 1 dakika yüksekte karıştırın. Un, baharatlar ve kabartma tozunu birleştirin. Yumurtayı ekleyin. Karışımı yağlanmış 1,5 litre / 2½ pint / 6 fincan tabağa koyun ve 4 dakika yüksekte mikrodalgaya koyun. Tavada 5 dakika soğutun, ardından soğutmayı bitirmek için bir tel ızgara üzerine yerleştirin.

mikrodalgaya uygun zencefilli çubuklar

12 yıl önce

kek için:

150 gr / 5 ons / 2/3 fincan tereyağı veya margarin, yumuşatılmış

50 g / 2 oz / ¼ fincan pudra şekeri (çok ince)

100 gr / 4 ons / 1 su bardağı sade un (çok amaçlı)

2,5 ml / ½ çay kaşığı kabartma tozu

5 ml / 1 çay kaşığı toz zencefil

Çatıya:

15 gr / ½ ons / 1 yemek kaşığı tereyağı veya margarin

15 ml / 1 yemek kaşığı altın pekmez (hafif mısır)

Birkaç damla vanilya özü (özü)

5 ml / 1 çay kaşığı toz zencefil

50 gr / 2 ons / 1/3 su bardağı pudra şekeri (şekerlemeler)

Pastayı yapmak için tereyağı veya margarin ve şekeri hafif ve kabarık olana kadar çırpın. Un, kabartma tozu ve zencefili ekleyip pürüzsüz bir hamur elde edene kadar karıştırın. 20 cm / 8 kare bir mikrodalga kabına bastırın ve sertleşene kadar 6 dakika Orta ayarda mikrodalgaya koyun.

Buzlanmayı yapmak için tereyağı veya margarin ve şurubu eritin. Vanilya özü, zencefil ve pudra şekerini ekleyin ve koyulaşana kadar çırpın. Ilık kekin üzerine eşit şekilde yayın. Tepside soğumaya bırakın ve çubuk veya kare şeklinde kesin.

Mikrodalga Altın Kek

20 cm / 8 kek yapar

kek için:

100 gr / 4 ons / ½ fincan tereyağı veya margarin, yumuşatılmış

100 gr / 4 oz / ½ su bardağı pudra şekeri (çok ince)

2 yumurta, hafifçe çırpılmış

Birkaç damla vanilya özü (özü)

225 gr / 8 ons / 2 su bardağı sade un (çok amaçlı)

10 ml / 2 çay kaşığı kabartma tozu

biraz tuz

60 ml / 4 yemek kaşığı süt

Buzlanma için (buzlanma):

50 gr / 2 oz / ¼ fincan tereyağı veya margarin, yumuşatılmış

100 gr / 4 ons / 2/3 su bardağı pudra şekeri (şekerlemeler)

Birkaç damla vanilya özü (özü) (isteğe bağlı)

Pastayı yapmak için tereyağı veya margarin ve şekeri hafif ve kabarık olana kadar çırpın. Yavaş yavaş yumurtaları çırpın, ardından un, kabartma tozu ve tuzu ekleyin. Pürüzsüz, akıcı bir kıvam elde etmek için yeterli sütü karıştırın. Yağlanmış ve unlanmış iki adet 20 cm / 8 mikrodalga fırın kabına dökün ve her keki ayrı ayrı 6 dakika yüksekte pişirin. Fırından çıkarın, alüminyum folyo ile örtün ve 5 dakika soğumaya bırakın, ardından soğuması için fırına koyun.

Krema için, tereyağı veya margarini kabarana kadar çırpın, ardından istenirse pudra şekeri ve vanilya esansını ekleyin. Kekleri kremanın yarısı ile sandviç yapın ve kalanını üstüne yayın.

Mikrodalga Bal ve Fındıklı Kek

18 cm / 7 kek yapar

150 gr / 5 ons / 2/3 fincan tereyağı veya margarin, yumuşatılmış

100 gr / 4 ons / ½ fincan yumuşak kahverengi şeker

45 ml / 3 yemek kaşığı saf bal

3 çırpılmış yumurta

225 gr / 8 ons / 2 su bardağı kendiliğinden kabaran un (kendinden kabaran)

100 gr / 4 ons / 1 su bardağı öğütülmüş fındık

45 ml / 3 yemek kaşığı süt

tereyağı sosu

Tereyağı veya margarini, şekeri ve balı hafif ve kabarık olana kadar çırpın. Yavaş yavaş yumurtaları çırpın, ardından un ve fındıkları ve pürüzsüz bir kıvam elde etmek için yeterince süt ekleyin. 18 cm/7 mikrodalga fırın kabına dökün ve Orta ayarda 7 dakika pişirin. Tavada 5 dakika soğutun, ardından soğutmayı bitirmek için bir tel ızgara üzerine yerleştirin. Pastayı yatay olarak ikiye bölün, ardından tereyağlı krema (krema) ile sandviç yapın.

Mikrodalga çiğneme müsli barları

yaklaşık 10 verim

100 gr / 4 ons / ½ fincan tereyağı veya margarin

175 gr / 6 ons / ½ su bardağı saf bal

50 gr / 2 ons / 1/3 su bardağı tüketime hazır kuru kayısı, doğranmış

50 gr / 2 ons / 1/3 su bardağı çekirdeksiz hurma, doğranmış

75 gr / 3 ons / ¾ fincan kıyılmış karışık kuruyemiş

100 gr / 4 ons / 1 su bardağı yulaf ezmesi

100 gr / 4 ons / ½ fincan yumuşak kahverengi şeker

1 çırpılmış yumurta

25 g / 1 oz / 2 yemek kaşığı kendiliğinden kabaran un (kendinden kabaran)

Tereyağı veya margarini ve balı bir kaseye koyun ve 2 dakika yüksekte pişirin. Kalan tüm malzemeleri karıştırın. 20 cm / 8 mikrodalga fırına dayanıklı bir kaba dökün ve 8 dakika yüksekte mikrodalgaya koyun. Hafifçe soğumaya bırakın ve kareler veya dilimler halinde kesin.

Mikrodalga Cevizli Kek

20 cm / 8 kek yapar

150 gr / 5 ons / 1¼ su bardağı sade un (çok amaçlı)

biraz tuz

5 ml / 1 çay kaşığı toz tarçın

75 gr / 3 ons / 1/3 su bardağı yumuşak kahverengi şeker

75 gr / 3 ons / 1/3 su bardağı pudra şekeri (çok ince)

75 ml / 5 yemek kaşığı sıvı yağ

25 gr / 1 ons / ¼ fincan ceviz, kıyılmış

5 ml / 1 tatlı kaşığı kabartma tozu

2,5 ml / ½ çay kaşığı kabartma tozu (kabartma tozu)

1 yumurta

150 ml / ¼ puan / 2/3 su bardağı ekşi süt

Un, tuz ve tarçının yarısını karıştırın. Şekerleri karıştırın, ardından iyice karışana kadar yağı çırpın. Karışımdan 90 ml / 6 yemek kaşığı alıp ceviz ve kalan tarçınla karıştırın. Karışımın çoğuna kabartma tozu, kabartma tozu, yumurta ve sütü ekleyin ve pürüzsüz olana kadar çırpın. Ana karışımı yağlanmış ve unlanmış 20 cm / 8 mikrodalga kalıbına dökün ve üzerine fındık karışımını serpin. 8 dakika boyunca yüksek mikrodalgada. 10 dakika tepside soğumaya bırakın ve sıcak servis yapın.

Mikrodalga Portakal Suyu Kek

20 cm / 8 kek yapar

250g / 9oz / 2¼ su bardağı sade un (çok amaçlı)

225 gr / 8 ons / 1 su bardağı toz şeker

15 ml / 1 yemek kaşığı kabartma tozu

2,5 ml / ½ çay kaşığı tuz

60 ml / 4 yemek kaşığı sıvı yağ

250 ml / 8 fl oz / 2 su bardağı portakal suyu

2 ayrı yumurta

100 gr / 4 oz / ½ su bardağı pudra şekeri (çok ince)

Portakallı Tereyağı Sosu

portakallı krema

Un, toz şeker, kabartma tozu, tuz, sıvı yağ ve portakal suyunun yarısını birleştirip pürüzsüz olana kadar çırpın. Hafif ve kabarık bir krema elde edene kadar yumurta sarısını ve kalan portakal suyunu ekleyin. Yumurta aklarını sertleşene kadar çırpın, ardından pudra şekerinin yarısını ekleyin ve kalın ve parlak olana kadar çırpın. Kalan şekeri ve ardından yumurta aklarını kek karışımına ekleyin. Yağlanmış ve unlanmış iki 20 cm/8 mikrodalga kabına dökün ve ayrı ayrı 6-8 dakika yüksekte mikrodalgaya koyun. Fırından çıkarın, alüminyum folyo ile örtün ve 5 dakika soğumaya bırakın, ardından soğuması için fırına koyun. Kekleri portakallı tereyağlı krema (krema) ile sandviçleyin ve portakallı kremayı üstüne yayın.

mikrodalga pavlova

23 cm / 9 kek yapar

4 yumurta akı

225 gr / 8 ons / 1 su bardağı pudra şekeri (çok ince)

2,5 ml / ½ çay kaşığı vanilya özü (ekstraktı)

Birkaç damla şarap sirkesi

150 ml / ¼ puan / 2/3 su bardağı krema

1 adet dilimlenmiş kivi

100 gr / 4 ons çilek, dilimlenmiş

Yumurta aklarını yumuşak tepeler oluşana kadar çırpın. Şekerin yarısını serpin ve iyice çırpın. Kalan şekeri, vanilya özünü ve sirkeyi yavaş yavaş ekleyin ve eriyene kadar çırpın. Karışımı bir parşömen parçası üzerine 23 cm / 9 cm'lik bir daireye dökün. 2 dakika boyunca yüksek mikrodalga. Kapı açıkken mikrodalgada 10 dakika bekletin. Fırından çıkarın, koruyucu kağıdı yırtın ve soğumaya bırakın. Kremayı sertleşene kadar çırpın ve beze üzerine yayın. Meyveleri çekici bir şekilde üstüne yerleştirin.

mikrodalga kek

20 cm / 8 kek yapar

225 gr / 8 ons / 2 su bardağı sade un (çok amaçlı)

15 ml / 1 yemek kaşığı kabartma tozu

50 g / 2 oz / ¼ fincan pudra şekeri (çok ince)

100 gr / 4 ons / ½ fincan tereyağı veya margarin

75ml / 5 yemek kaşığı tek krem (hafif)

1 yumurta

Un, kabartma tozu ve şekeri birlikte çırpın, ardından karışım ekmek kırıntısı görünümüne gelene kadar tereyağı veya margarin içinde yuvarlayın. Krema ve yumurtayı karıştırdıktan sonra unu ilave ederek yumuşak bir hamur elde edene kadar yoğurun. Yağlanmış 20 cm/8'lik bir mikrodalga kabına bastırın ve 6 dakika yüksekte mikrodalgaya koyun. 4 dakika dinlendirin, kalıptan çıkarın ve bir tel ızgara üzerinde soğumaya bırakın.

Mikrodalga Çilekli Kek

20 cm / 8 kek yapar

900 gr / 2 lb çilek, kalın dilimlenmiş

225 gr / 8 ons / 1 su bardağı pudra şekeri (çok ince)

225 gr / 8 ons / 2 su bardağı sade un (çok amaçlı)

15 ml / 1 yemek kaşığı kabartma tozu

175 gr / 6 ons / ¾ fincan tereyağı veya margarin

75ml / 5 yemek kaşığı tek krem (hafif)

1 yumurta

150 ml / ¼ pt / 2/3 su bardağı çift krema (ağır), çırpılmış

Çilekleri 175 gr / 6 oz / ¾ fincan şekerle karıştırın ve en az 1 saat buzdolabında bekletin.

Un, kabartma tozu ve kalan şekeri birleştirin ve 100 g / 4 oz / ½ fincan tereyağı veya margarinle ekmek kırıntısı görünümüne gelene kadar ovalayın. Krema ve yumurtayı karıştırdıktan sonra unu ilave ederek yumuşak bir hamur elde edene kadar yoğurun. Yağlanmış 20 cm/8'lik bir mikrodalga kabına bastırın ve 6 dakika yüksekte mikrodalgaya koyun. 4 dakika bekletin, sonra kalıptan çıkarın ve hala sıcakken ikiye bölün. Soğumaya bırakın.

Kesilen her iki yüzeyi de kalan tereyağı veya margarinle yayın. Çırpılmış kremanın üçte birini tabanın üzerine yayın ve çileğin dörtte üçünü üstüne koyun. Kremanın diğer üçte biri ile kaplayın ve ikinci keki üstüne yerleştirin. Kalan krema ve çileklerle süsleyin.

Mikrodalga Pandispanya

18 cm / 7 kek yapar

150 gr / 5 oz / 1¼ fincan kendiliğinden kabaran un (kendinden kabaran)

100 gr / 4 ons / ½ fincan tereyağı veya margarin

100 gr / 4 oz / ½ su bardağı pudra şekeri (çok ince)

2 yumurta

30 ml / 2 yemek kaşığı süt

Tüm malzemeleri pürüzsüz olana kadar karıştırın. Mikrodalgaya dayanıklı bir plaka üzerinde tabanı olan 18cm / 7cm'lik bir kaseye dökün ve Orta ayarda 6 dakika mikrodalgaya koyun. Tavada 5 dakika soğutun, ardından soğutmayı bitirmek için bir tel ızgara üzerine yerleştirin.

Sultana Mikrodalga Barlar

12 yıl önce

175 gr / 6 ons / ¾ fincan tereyağı veya margarin

100 gr / 4 oz / ½ su bardağı pudra şekeri (çok ince)

15 ml / 1 yemek kaşığı altın pekmez (hafif mısır)

75 gr / 3 ons / ½ su bardağı kuru üzüm (altın kuru üzüm)

5 ml / 1 çay kaşığı rendelenmiş limon kabuğu

225 gr / 8 ons / 2 su bardağı kendiliğinden kabaran un (kendinden kabaran)

                      Buzlanma için (buzlanma):
175 gr / 6 ons / 1 su bardağı pudra şekeri (şekerlemeler)

30 ml / 2 yemek kaşığı limon suyu

Tereyağı veya margarini, rafine şekeri ve şurubu Orta ateşte 2 dakika ısıtın. Kuru üzüm ve limon kabuğunu karıştırın. Unu ekleyin. Yağlanmış ve astarlanmış 20 cm / 8 inçlik bir kaseye mikrodalgaya uygun kare bir tabağa dökün ve sertleşene kadar Orta derecede 8 dakika mikrodalgada mikrodalgaya koyun. Biraz soğumaya bırakın.

Pudra şekerini bir kaba alıp ortasını havuz gibi açın. Pürüzsüz bir tepe yapmak için yavaş yavaş limon suyunu karıştırın. Hala ılık olan kekin üzerine yayın ve tamamen soğumaya bırakın.

Mikrodalga Çikolatalı Kurabiye

24 yıl önce

225g / 8oz / 1 fincan tereyağı veya margarin, yumuşatılmış

100 gr / 4 ons / ½ fincan koyu kahverengi şeker

5 ml / 1 çay kaşığı vanilya özü (ekstraktı)

225 gr / 8 ons / 2 su bardağı kendiliğinden kabaran un (kendinden kabaran)

50g / 2oz / ½ fincan toz içme çikolatası

Tereyağı, şeker ve vanilya esansını hafif ve kabarık olana kadar çırpın. Un ve çikolatayı azar azar karıştırarak pürüzsüz bir hamur elde edene kadar çırpın. Ceviz büyüklüğünde toplar oluşturun, yağlanmış mikrodalgada kullanılabilir (kurabiye) bir fırın tepsisine her seferinde altı tane yerleştirin ve bir çatalla hafifçe düzleştirin. Tüm kurabiyeler tamamen pişene kadar her partiyi 2 dakika yüksek mikrodalgada ısıtın. Bir tel raf üzerinde soğumaya bırakın.

Mikrodalga Hindistan Cevizli Kurabiye

24 yıl önce

50 gr / 2 oz / ¼ fincan tereyağı veya margarin, yumuşatılmış

75 gr / 3 ons / 1/3 su bardağı pudra şekeri (çok ince)

1 yumurta, hafifçe çırpılmış

2,5 ml / ½ çay kaşığı vanilya özü (ekstraktı)

75g / 3oz / ¾ fincan sade un (çok amaçlı)

25 gr / 1 ons / ¼ fincan kurutulmuş hindistan cevizi (rendelenmiş)

biraz tuz

30 ml / 2 yemek kaşığı çilek reçeli (konserve)

Tereyağı veya margarin ve şekeri hafif ve kabarık olana kadar çırpın. Un, hindistan cevizi ve tuz ile dönüşümlü olarak yumurta ve vanilya esansını ekleyin ve pürüzsüz bir hamur elde edinceye kadar karıştırın. Ceviz büyüklüğünde toplar oluşturun ve yağlanmış, mikrodalgada kullanılabilir (bisküvi) bir fırın tepsisine her seferinde altı tane yerleştirin ve hafifçe düzleştirmek için bir çatalla hafifçe bastırın. Sertleşene kadar 3 dakika yüksek mikrodalga. Bir tel rafa aktarın ve her kurabiyenin ortasına bir kaşık reçel koyun. Kalan çerezlerle tekrarlayın.

Mikrodalga Floransalılar

12 yıl önce

50 gr / 2 ons / ¼ fincan tereyağı veya margarin

50 gr / 2 ons / ¼ fincan demerara şekeri

15 ml / 1 yemek kaşığı altın pekmez (hafif mısır)

50 g / 2 oz / ¼ fincan sırlı kiraz (şekerlenmiş)

75 gr / 3 ons / ¾ fincan ceviz, kıyılmış

25 gr / 1 ons / 3 yemek kaşığı kuru üzüm (altın kuru üzüm)

25 gr / 1 oz / ¼ fincan file badem (dövülmüş)

30 ml / 2 yemek kaşığı kıyılmış karışık kabuk (şekerlenmiş)

25 gr / 1 ons / ¼ fincan sade un (çok amaçlı)

100 gr / 4 ons / 1 su bardağı sade (yarı tatlı) çikolata, doğranmış (isteğe bağlı)

Tereyağı veya margarin, şeker ve şurubu mikrodalgada 1 dakika boyunca eriyene kadar ısıtın. Vişneleri, cevizleri, kuru üzümleri ve bademleri ilave edin ve kabuğu ve unu ilave edin. Parşömen (mumlu) kağıdın üzerine kaşık kaşık karışımdan iyice aralıklı olarak dökün ve her partide 1½ dakika boyunca yüksekte dört seferde pişirin. Kenarlarını bir bıçakla kesin, kağıt üzerinde 3 dakika soğutun, ardından soğutmayı bitirmek için bir tel ızgaraya aktarın. Kalan çerezlerle tekrarlayın. İstenirse, çikolatayı bir kasede 30 saniye eritin ve Floransalıların bir tarafına yayın, ardından donmasını bekleyin.

Mikrodalga Fındıklı Vişneli Bisküvi

24 yıl önce

100 gr / 4 ons / ½ fincan tereyağı veya margarin, yumuşatılmış

100 gr / 4 oz / ½ su bardağı pudra şekeri (çok ince)

1 çırpılmış yumurta

175 gr / 6 ons / 1½ fincan sade un (çok amaçlı)

50 gr / 2 ons / ½ fincan öğütülmüş fındık

100 gr / 4 ons / ½ fincan sırlı kiraz (şekerlenmiş)

Tereyağı veya margarin ve şekeri hafif ve kabarık olana kadar çırpın. Yavaş yavaş yumurtayı ekleyin ve ardından un, fındık ve vişneleri ekleyin. Eşit aralıklı kaşıkları mikrodalga (bisküvi) fırın tepsilerine yerleştirin ve sekiz bisküviyi (bisküvi) bir seferde yüksekte yaklaşık 2 dakika sertleşene kadar mikrodalgaya koyun.

Sultana Mikrodalga Bisküvi

24 yıl önce

225 gr / 8 ons / 2 su bardağı sade un (çok amaçlı)

5 ml / 1 çay kaşığı öğütülmüş baharatlar (elmalı turta)

175 gr / 6 ons / ¾ fincan tereyağı veya margarin, yumuşatılmış

100 gr / 4 ons / 2/3 su bardağı kuru üzüm (altın kuru üzüm)

175 gr / 6 ons / ¾ su bardağı demerara şekeri

Unu ve karışık baharatları ilave edin, ardından yumuşak bir hamur yapmak için tereyağı veya margarin, kuru üzüm ve 100g / 4oz / ½ fincan şekeri karıştırın. Yaklaşık 18 cm / 7 cm uzunluğunda iki sosis kalıbına yuvarlayın ve kalan şekeri yuvarlayın. Takozlar halinde kesin ve yağlanmış bir fırın tepsisine her seferinde altı tane yerleştirin ve 2 dakika yüksekte mikrodalgaya koyun. Bir tel raf üzerinde soğutun ve kalan çerezlerle tekrarlayın.

Mikrodalga Muzlu Ekmek

450 g / 1 lb ekmek yapar

75 gr / 3 ons / 1/3 fincan tereyağı veya margarin, yumuşatılmış

175 gr / 6 ons / ¾ fincan pudra şekeri (çok ince)

2 yumurta, hafifçe çırpılmış

200g / 7oz / 1¾ su bardağı sade un (çok amaçlı)

10 ml / 2 çay kaşığı kabartma tozu

2,5 ml / ½ çay kaşığı kabartma tozu (kabartma tozu)

biraz tuz

2 olgun muz

15 ml / 1 yemek kaşığı limon suyu

60 ml / 4 yemek kaşığı süt

50 gr / 2 ons / ½ fincan ceviz, kıyılmış

Tereyağı veya margarin ve şekeri hafif ve kabarık olana kadar çırpın. Yavaş yavaş yumurtaları çırpın, ardından un, kabartma tozu, kabartma tozu ve tuzu ekleyin. Muzları limon suyuyla ezin ve süt ve fındıkla karıştırın. Yağlanmış ve unlanmış 450 g / 1 lb ekmek tavasına (tava) aktarın ve 12 dakika yüksekte mikrodalgaya koyun. Fırından çıkarın, alüminyum folyo ile örtün ve 10 dakika soğumaya bırakın, ardından soğuması için fırına koyun.

Mikrodalga Peynirli Ekmek

450 g / 1 lb ekmek yapar

50 gr / 2 ons / ¼ fincan tereyağı veya margarin

250 ml / 8 fl oz / 1 su bardağı süt

2 yumurta, hafifçe çırpılmış

225 gr / 8 ons / 2 su bardağı sade un (çok amaçlı)

10 ml / 2 çay kaşığı kabartma tozu

10 ml / 2 çay kaşığı hardal tozu

2,5 ml / ½ çay kaşığı tuz

175g / 6oz / 1½ fincan çedar peyniri, rendelenmiş

Tereyağını veya margarini küçük bir kapta 1 dakika yüksekte eritin. Süt ve yumurta ekleyin. Un, kabartma tozu, hardal, tuz ve 100 g / 4 oz / 1 bardak peyniri karıştırın. Pürüzsüz olana kadar süt karışımını karıştırın. Bir İngiliz kek kalıbına (tava) aktarın ve 9 dakika yüksekte mikrodalgaya koyun. Kalan peyniri serpin, folyo ile örtün ve 20 dakika bekletin.

Mikrodalga Cevizli Ekmek

450 g / 1 lb ekmek yapar

225 gr / 8 ons / 2 su bardağı sade un (çok amaçlı)

300g / 10oz / 1¼ su bardağı pudra şekeri (çok ince)

5 ml / 1 tatlı kaşığı kabartma tozu

biraz tuz

100 gr / 4 ons / ½ fincan tereyağı veya margarin, yumuşatılmış

150 ml / ¼ puan / 2/3 su bardağı süt

2,5 ml / ½ çay kaşığı vanilya özü (ekstraktı)

4 yumurta akı

50 gr / 2 ons / ½ fincan ceviz, kıyılmış

Un, şeker, maya ve tuzu karıştırın. Tereyağı veya margarini, ardından sütü ve vanilya esansını ekleyin. Yumurta aklarını ekleyin ve cevizi ekleyin. Yağlanmış ve unlanmış 450 g / 1 lb ekmek tavasına (tava) aktarın ve 12 dakika yüksekte mikrodalgaya koyun. Fırından çıkarın, alüminyum folyo ile örtün ve 10 dakika soğumaya bırakın, ardından soğuması için fırına koyun.

Pişmemiş Amaretti Kek

20 cm / 8 kek yapar

100 gr / 4 ons / ½ fincan tereyağı veya margarin

175 gr / 6 ons / 1½ su bardağı sade çikolata (yarı tatlı)

Amaretti Bisküvileri 75 gr / 3 oz (kurabiye), iri ezilmiş

175 gr / 6 ons / 1½ fincan ceviz, kıyılmış

50 gr / 2 ons / ½ su bardağı çam fıstığı

75 gr / 3 ons / 1/3 su bardağı sırlı (şekerlenmiş) kiraz, doğranmış

30 ml / 2 yemek kaşığı Grand Marnier

225 gr / 8 ons / 1 su bardağı Mascarpone peyniri

Tereyağı veya margarin ve çikolatayı, kaynayan su dolu bir tencerenin üzerine yerleştirilmiş ısıya dayanıklı bir kapta eritin. Ateşten alın ve bisküvi, fındık ve vişneleri ekleyin. Streç film (plastik sargı) ile kaplı bir sandviç kalıbına (fırın tepsisi) dökün ve hafifçe bastırın. Sertleşene kadar 1 saat soğutun. Bir servis tabağına aktarın ve plastik ambalajı çıkarın. Grand Marnier'i Mascarpone ile çırpın ve tabanın üzerine yerleştirin.

Amerikan çıtır pirinç çubukları

Yaklaşık 24 bar yapar

50 gr / 2 ons / ¼ fincan tereyağı veya margarin

225 gr beyaz marshmallow

5 ml / 1 çay kaşığı vanilya özü (ekstraktı)

150 gr / 5 ons / 5 su bardağı şişirilmiş pirinç gevreği

Tereyağı veya margarini büyük bir tavada kısık ateşte eritin. Marshmallowları ekleyin ve sürekli karıştırarak marshmallowlar eriyene ve karışım şurup kıvamına gelene kadar pişirin. Ateşten alın ve vanilya esansını ekleyin. Pirinç gevreğini eşit şekilde kaplanana kadar karıştırın. 23cm/9 kare bir tavaya (tavaya) bastırın ve çubuklar halinde kesin. Ayarlamak için bırakın.

şam kareleri

12 yıl önce

50 gr / 2 ons / ¼ fincan tereyağı veya margarin

175g / 6oz / 1 küçük kutu buharlaştırılmış süt

15 ml / 1 yemek kaşığı saf bal

45 ml / 3 yemek kaşığı elma suyu

50 gr / 2 ons / ¼ fincan yumuşak kahverengi şeker

50 gr / 2 ons / 1/3 su bardağı kuru üzüm (altın kuru üzüm)

225 gr / 8 ons / 11/3 su bardağı tüketime hazır kuru kayısı, doğranmış

100 gr / 4 ons / 1 su bardağı kurutulmuş hindistan cevizi (rendelenmiş)

225g / 8oz / 2 su bardağı yulaf ezmesi

Tereyağını veya margarini süt, bal, elma suyu ve şekerle eritin. Malzemelerin geri kalanını ekleyin. Yağlanmış 25cm / 12cm'lik kelepçeli bir kalıba bastırın ve kareler halinde kesmeden önce buzdolabına koyun.

İsviçre Şam Rulo Kek

23 cm / 9 kek yapar

400 g / 14 ons / 1 büyük konserve kayısı yarısı, süzülmüş ve suyu ayrılmış

50 gr / 2 ons / ½ fincan krema tozu

75g / 3oz / ¼ fincan kayısı reçeli (konserve şeffaf)

75 gr / 3 ons / ½ su bardağı tüketime hazır kuru kayısı, doğranmış

400 gr / 14 ons / 1 büyük kutu yoğunlaştırılmış süt

225 gr / 8 ons / 1 su bardağı süzme peynir

45 ml / 3 yemek kaşığı limon suyu

1 İsviçre Rulosu, dilimlenmiş

500 ml / 17 fl oz / 2¼ bardak yapmak için suyla kayısı suyu yapın. Krema tozunu sıvının bir kısmı ile macun haline getirin ve kalanını kaynatın. Muhallebi ezmesini ve kayısı reçelini ekleyin ve sürekli karıştırarak kalın ve parlak olana kadar pişirin. Konserve kayısıları püre haline getirin ve kuru kayısılarla birlikte karışıma ekleyin. Ara ara karıştırarak soğumaya bırakın.

Yoğunlaştırılmış süt, süzme peynir ve limon suyunu iyice karışana kadar çırpın ve jelatine ekleyin. 23 cm / 9 inçlik bir kek kalıbını (fırın tepsisi) plastik sargıyla (plastik sargı) kaplayın ve rulo dilimlerini (jöle) kalıbın tabanına ve kenarlarına yerleştirin. Kek karışımını ekleyin ve katılaşana kadar soğutun. Servis yapmaya hazır olduğunuzda dikkatlice kalıptan çıkarın.

Kırık Bisküvili Kekler

12 yıl önce

100 gr / 4 ons / ½ fincan tereyağı veya margarin

30 ml / 2 yemek kaşığı pudra şekeri (çok ince)

15 ml / 1 yemek kaşığı altın pekmez (hafif mısır)

30 ml / 2 yemek kaşığı kakao (şekersiz çikolata) tozu

225 gr / 8 ons / 2 su bardağı kurabiye kırıntısı (bisküvi)

50 gr / 2 ons / 1/3 su bardağı kuru üzüm (altın kuru üzüm)

Tereyağını veya margarini şeker ve şurupla birlikte kaynatmadan eritin. Kakao, bisküvi ve çekirdeksiz üzümü ekleyin. Yağlanmış 25 cm / 10 cm yağlanmış bir kalıba aktarın, soğumaya bırakın ve sertleşene kadar buzdolabında saklayın. Kareler halinde kesin.

Pişmemiş Ayran Kek

23 cm / 9 kek yapar

30 ml / 2 yemek kaşığı toz krem

100 gr / 4 oz / ½ su bardağı pudra şekeri (çok ince)

450 ml / ¾ pt / 2 su bardağı süt

175 ml ayran / 6 fl oz / ¾ bardak ayran

25 gr / 1 ons / 2 yemek kaşığı tereyağı veya margarin

400 g / 12 oz kurabiye (kurabiye), ezilmiş

120 ml / 4 fl oz / ½ fincan ağır krema

Krema tozu ve şekeri biraz sütle macun kıvamına gelene kadar çırpın. Kalan sütü kaynatın. Salçayı ilave edin, tüm karışımı tavaya geri koyun ve koyulaşana kadar yaklaşık 5 dakika kısık ateşte pişirin. Ayran ve tereyağı veya margarin ekleyin. Ezilmiş kurabiyeleri ve krema karışımını streç film (plastik sargı) ile kaplanmış 23 cm / 9 kek kalıbına (fırın tepsisi) veya cam bir kaba yayın. Yavaşça bastırın ve sertleşene kadar soğutun. Kremayı katılaşana kadar çırpın, ardından krema rozetlerini pastanın üzerine kaşıklayın. Plakadan servis yapın veya servis yapmak için dikkatlice kaldırın.

kestane dilimi

900 g / 2 lb somun yapar

225g / 8oz / 2 su bardağı sade çikolata (yarı tatlı)

100 gr / 4 ons / ½ fincan tereyağı veya margarin, yumuşatılmış

100 gr / 4 oz / ½ su bardağı pudra şekeri (çok ince)

450 gr / 1 lb / 1 büyük kutu şekersiz kestane püresi

25 gr / 1 ons / ¼ fincan pirinç unu

Birkaç damla vanilya özü (özü)

150 ml / ¼ puan / 2/3 su bardağı krem şanti, çırpılmış

süslemek için rendelenmiş çikolata

Saf çikolatayı ısıya dayanıklı bir kapta, kaynar su dolu bir tencerenin üzerinde eritin. Tereyağı veya margarin ve şekeri hafif ve kabarık olana kadar çırpın. Kestane püresini, çikolatayı, pirinç ununu ve vanilya esansını ekleyin. Yağlanmış ve astarlanmış 900 g / 2 lb somun tepsisine (fırın tepsisi) çevirin ve sertleşene kadar buzdolabında saklayın. Servis yapmadan önce krem şanti ve rendelenmiş çikolata ile süsleyin.

Kestaneli Pandispanya

900 gr / 2 lb kek yapar

kek için:

400g / 14oz / 1 büyük kutu tatlandırılmış kestane püresi

100 gr / 4 ons / ½ fincan tereyağı veya margarin, yumuşatılmış

1 yumurta

Birkaç damla vanilya özü (özü)

30 ml / 2 yemek kaşığı brendi

24 adet pandispanya (bisküvi)

Glazür için:

30 ml / 2 yemek kaşığı kakao (şekersiz çikolata) tozu

15 ml / 1 yemek kaşığı pudra şekeri (çok ince)

30 ml / 2 yemek kaşığı su

Tereyağlı krema için:

100 gr / 4 ons / ½ fincan tereyağı veya margarin, yumuşatılmış

100 gr / 4 ons / 2/3 fincan krema (şekerlemeci) şekeri, elenmiş

15 ml / 1 yemek kaşığı kahve özü (özü)

Keki yapmak için kestane püresini, tereyağı veya margarini, yumurtayı, vanilya esansını ve 15 ml / 1 yemek kaşığı brendiyi çırpın ve pürüzsüz olana kadar çırpın. 900 g / 2 lb poundluk bir kek kalıbını (pişirme tavası) yağlayın ve hizalayın ve tabanı ve yanları sünger parmaklarla hizalayın. Kalan brendiyi bisküvilerin üzerine serpin ve kestane karışımını ortasına yerleştirin. Sertleşene kadar soğutun.

Kutudan çıkarın ve astar kağıdını çıkarın. Tepe malzemelerini ısıya dayanıklı bir kapta kaynayan su dolu bir tencerenin üzerinde eritin ve pürüzsüz olana kadar karıştırın. Hafifçe soğumaya bırakın ve kremanın çoğunu pastanın üstüne yayın. Buttercream malzemelerini pürüzsüz olana kadar çırpın, ardından pastanın kenarlarında döndürün. Bitirmek için sırla gezdirin.

Çikolata ve Badem Barları

12 yıl önce

175 gr / 6 ons / 1½ su bardağı sade (yarı tatlı) çikolata, doğranmış

3 yumurta, ayrılmış

120 ml / 4 fl oz / ½ bardak süt

10 ml / 2 çay kaşığı toz jelatin

120 ml / 4 fl oz / ½ fincan çift krema (ağır)

45 ml / 3 yemek kaşığı pudra şekeri (çok ince)

60 ml / 4 yemek kaşığı file badem (dövülmüş), kavrulmuş

Çikolatayı ısıya dayanıklı bir kapta, kaynar su dolu bir tencerenin üzerinde eritin. Ateşten alın ve sarıları ekleyin. Ayrı bir tencerede sütü kaynatın ve jelatini ekleyin. Çikolatalı karışımı ekleyip kremayı ekleyin. Yumurta aklarını köpürene kadar çırpın, ardından şekeri ekleyin ve tekrar sert ve parlak olana kadar çırpın. Karışımı katlayın. Yağlanmış ve astarlanmış 450 g / 1 lb somun tepsisine (fırın tepsisi) dökün, üzerine kavrulmuş bademleri serpin ve soğumaya bırakın, ardından donması için en az 3 saat buzdolabında bekletin. Servis yapmak için çevirin ve kalın dilimler halinde kesin.

Gevrek Çikolatalı Kek

450 g / 1 lb ekmek yapar

150 gr / 5 ons / 2/3 fincan tereyağı veya margarin

30 ml / 2 yemek kaşığı altın pekmez (hafif mısır)

175 gr / 6 ons / 1½ fincan sindirilebilir bisküvi kırıntıları (Graham krakerleri)

50 gr / 2 ons / 2 su bardağı şişirilmiş pirinç gevreği

25 gr / 1 ons / 3 yemek kaşığı kuru üzüm (altın kuru üzüm)

25 gr / 1 ons / 2 yemek kaşığı sırlı (şekerlenmiş) kiraz, doğranmış

225g / 8oz / 2 su bardağı damla çikolata

30 ml / 2 yemek kaşığı su

175 gr / 6 ons / 1 su bardağı pudra şekeri (şekerciler için) elenmiş

100g / 4oz / ½ fincan tereyağı veya margarini şurupla eritin, ocaktan alın ve bisküvi kırıntılarını, mısır gevreğini, kuru üzümleri, kirazları ve çikolata parçalarının dörtte üçünü ekleyin. Yağlanmış ve astarlanmış 450 g / 1 lb somun tepsisine (fırın tepsisi) dökün ve yüzeyi düzeltin. Sertleşene kadar soğutun. Kalan tereyağı veya margarini kalan çikolata ve su ile eritin. Pudra şekerini ekleyin ve pürüzsüz olana kadar karıştırın. Keki kalıptan çıkarın ve uzunlamasına ortadan ikiye kesin. Çikolatalı kremanın yarısıyla sandviçi servis tabağına alın ve kalan kremayı üzerine dökün. Servis yapmadan önce soğutun.

Çikolata kırıntı kareleri

yaklaşık 24 verim

225 gr sindirim bisküvisi (Graham kraker)

100 gr / 4 ons / ½ fincan tereyağı veya margarin

25 gr / 1 ons / 2 yemek kaşığı pudra şekeri (çok ince)

15 ml / 1 yemek kaşığı altın pekmez (hafif mısır)

45 ml / 3 yemek kaşığı kakao (şekersiz çikolata) tozu

200 gr / 7 oz / 1¾ su bardağı çikolatalı kek kreması

Kurabiyeleri plastik bir torbaya koyun ve bir oklava ile düzleştirin. Tereyağını veya margarini bir tavada eritip şeker ve şurubu ekleyin. Ocaktan alıp bisküvi kırıntılarını ve kakaoyu ekleyin. Yağlanmış ve astarlanmış 18 cm / 7 cm kare kek kalıbına çevirin ve eşit şekilde bastırın. Soğumaya bırakın ve sertleşene kadar soğutun.

Çikolatayı ısıya dayanıklı bir kapta, kaynar su dolu bir tencerenin üzerinde eritin. Bisküvinin üzerine yayın, ayarını yaparken çatalla çizgiler çizin. Sertleşince kare kare kesin.

Çikolatalı Dondurmalı Kek

450 gr / 1 lb kek yapar

100 gr / 4 ons / ½ fincan yumuşak kahverengi şeker

100 gr / 4 ons / ½ fincan tereyağı veya margarin

50g / 2oz / ½ fincan toz içme çikolatası

25 gr / 1 ons / ¼ fincan kakao (şekersiz çikolata) tozu

30 ml / 2 yemek kaşığı altın pekmez (hafif mısır)

150 g Sindirim Krakerleri (Graham Krakerleri) veya Zengin Çay Krakerleri

50 g / 2 oz / ¼ fincan sırlı kiraz (şekerlenmiş) veya fındık-kuru üzüm karışımı

100 gr / 4 ons / 1 su bardağı sütlü çikolata

Bir tavaya şeker, tereyağı veya margarini koyun, çikolatayı, kakaoyu ve pekmezi için ve tereyağı eriyene kadar iyice karıştırarak hafifçe ısıtın. Ateşten alın ve bisküvi haline getirin. Kirazları veya cevizleri ve kuru üzümleri karıştırın ve 450 g / 1 lb'lik bir somun tavasına (tavaya) yerleştirin. Buzdolabında soğumaya bırakın.

Çikolatayı ısıya dayanıklı bir kapta, kaynar su dolu bir tencerenin üzerinde eritin. Soğuyan kekin üzerine yayın ve sertleşince dilimleyin.

Çikolatalı ve Meyveli Kek

18 cm / 7 kek yapar

100 gr / 4 oz / ½ su bardağı eritilmiş tereyağı veya margarin

100 gr / 4 ons / ½ fincan yumuşak kahverengi şeker

225 gr / 8 ons / 2 su bardağı sindirimi kolaylaştıran bisküvi kırıntıları (Graham krakerleri)

50 gr / 2 ons / 1/3 su bardağı kuru üzüm (altın kuru üzüm)

45 ml / 3 yemek kaşığı kakao (şekersiz çikolata) tozu

1 çırpılmış yumurta

Birkaç damla vanilya özü (özü)

Tereyağı veya margarin ve şekeri karıştırın, kalan malzemeleri ekleyin ve iyice çırpın. Yağlanmış 18 cm / 7 inç sandviç tavaya (fırın tepsisi) aktarın ve yüzeyi düzeltin. Sertleşene kadar soğutun.

Çikolata ve zencefilli kareler

24 yıl önce

100 gr / 4 ons / ½ fincan tereyağı veya margarin

100 gr / 4 ons / ½ fincan yumuşak kahverengi şeker

30 ml / 2 yemek kaşığı kakao (şekersiz çikolata) tozu

1 yumurta, hafifçe çırpılmış

225g / 8oz / 2 su bardağı Zencefilli Kurabiye Kırıntıları (bisküvi)

15 ml / 1 yemek kaşığı kristalize (şekerlenmiş) zencefil, doğranmış

Tereyağı veya margarini eritin ve iyice karışana kadar şeker ve kakao ekleyin. Yumurtayı, bisküvi kırıntılarını ve zencefili karıştırın. Bir İsviçre rulo tavasına (Jello pan) bastırın ve sertleşene kadar soğutun. Kareler halinde kesin.

Lüks çikolata ve zencefilli kareler

24 yıl önce

100 gr / 4 ons / ½ fincan tereyağı veya margarin

100 gr / 4 ons / ½ fincan yumuşak kahverengi şeker

30 ml / 2 yemek kaşığı kakao (şekersiz çikolata) tozu

1 yumurta, hafifçe çırpılmış

225g / 8oz / 2 su bardağı Zencefilli Kurabiye Kırıntıları (bisküvi)

15 ml / 1 yemek kaşığı kristalize (şekerlenmiş) zencefil, doğranmış

100 gr / 4 ons / 1 su bardağı sade çikolata (yarı tatlı)

Tereyağı veya margarini eritin ve iyice karışana kadar şeker ve kakao ekleyin. Yumurtayı, bisküvi kırıntılarını ve zencefili karıştırın. Bir İsviçre rulo tavasına (Jello pan) bastırın ve sertleşene kadar soğutun.

> Çikolatayı ısıya dayanıklı bir kapta, kaynar su dolu bir tencerenin üzerinde eritin. Kekin üzerine yayın ve soğumaya bırakın. Çikolata neredeyse sertleştiğinde kareler halinde kesin.

Ballı Çikolatalı Kurabiye

12 yıl önce

225 gr / 8 ons / 1 su bardağı tereyağı veya margarin

30 ml / 2 yemek kaşığı saf bal

90 ml / 6 yemek kaşığı keçiboynuzu veya kakao (şekersiz çikolata) tozu

225 gr / 8 ons / 2 su bardağı tatlı bisküvi kırıntıları (bisküvi)

Tereyağı veya margarini, balı ve keçiboynuzu veya kakao tozunu bir sos tenceresinde iyice karışana kadar eritin. Bisküvi kırıntılarını karıştırın. Kaşıkla yağlanmış 20 cm / 8 kare bir kalıba aktarın, soğumaya bırakın ve kareler halinde kesin.

Çikolatalı Katmanlı Kek

450 gr / 1 lb kek yapar

300 ml / ½ pt / 1¼ su bardağı krema (ağır)

225 gr / 8 ons / 2 su bardağı sade (yarı tatlı) çikolata, ufalanmış

5 ml / 1 çay kaşığı vanilya özü (ekstraktı)

20 adet sade kurabiye (kurabiye)

Bir tavada, kremayı neredeyse kaynayana kadar kısık ateşte ısıtın. Ateşten alın ve çikolatayı ekleyin, karıştırın, örtün ve 5 dakika bekletin. Vanilya esansını ekleyin ve iyice karıştırın, ardından karışım koyulaşmaya başlayana kadar soğutun.

450g / 1 lb'lik bir somun tavasını (fırın tepsisi) plastik sargıyla (plastik sargı) kaplayın. Alt kısma bir kat çikolata sürün, ardından üstüne bir kat kurabiye yerleştirin. Çikolata ve kurabiyeler bitene kadar yaymaya devam edin. Bir çikolata tabakası ile bitirin. Üzerini streç film ile kapatıp en az 3 saat buzdolabında bekletin. Pastayı kalıptan çıkarın ve streç filmi çıkarın.

iyi çikolatalar

12 yıl önce

100 gr / 4 ons / ½ fincan tereyağı veya margarin

30 ml / 2 yemek kaşığı altın pekmez (hafif mısır)

30 ml / 2 yemek kaşığı kakao (şekersiz çikolata) tozu

225 g / 8 oz / 1 Bisküvi veya sade kurabiye (kurabiye) paketi, kabaca ezilmiş

100 gr / 4 ons / 1 su bardağı sade (yarı tatlı) çikolata, doğranmış

Tereyağını veya margarini eritip şerbeti ocaktan alın ve kakao ve kırılmış bisküvileri ekleyip karıştırın. Karışımı 23cm/9 kare bir tavaya (tavaya) yayın ve yüzeyi düzeltin. Çikolatayı ısıya dayanıklı bir kapta kaynar su dolu bir tencerenin üzerinde eritin ve üstüne yayın. Hafifçe soğumaya bırakın, çubuklar veya kareler halinde kesin ve sertleşene kadar buzdolabında saklayın.

Çikolatalı Pralin Kareler

12 yıl önce

100 gr / 4 ons / ½ fincan tereyağı veya margarin

30 ml / 2 yemek kaşığı pudra şekeri (çok ince)

15 ml / 1 yemek kaşığı altın pekmez (hafif mısır)

15 ml / 1 yemek kaşığı içme çikolata tozu

225 gr sindirim bisküvisi (Graham kraker), ezilmiş

200g / 7oz / 1¾ bardak sade çikolata (yarı tatlı)

100 gr / 4 ons / 1 su bardağı kıyılmış karışık kuruyemiş

Tereyağı veya margarini, şekeri, pekmezi ve içme çikolatasını bir tavada eritin. Bir kaynamaya getirin ve 40 saniye kaynatın. Ateşten alın ve kraker ve fındıkları ekleyin. Yağlanmış 28 x 18 cm / 11 x 7 kek kalıbına (pişirme tavası) bastırın. Çikolatayı ısıya dayanıklı bir kapta, kaynar su dolu bir tencerenin üzerinde eritin. Kurabiyelerin üzerine yayın ve soğumaya bırakın, ardından kareler halinde kesmeden önce 2 saat buzdolabında bekletin.

Hindistan Cevizi Gevrekleri

12 yıl önce

100 gr / 4 ons / 1 su bardağı sade çikolata (yarı tatlı)

30 ml / 2 yemek kaşığı süt

30 ml / 2 yemek kaşığı altın pekmez (hafif mısır)

100 gr / 4 ons / 4 su bardağı şişirilmiş pirinç gevreği

50 gr / 2 ons / ½ su bardağı kurutulmuş hindistan cevizi (rendelenmiş)

Çikolata, süt ve şurubu bir tavada eritin. Ateşten alın ve mısır gevreğini ve hindistancevizi ekleyin. Kek için kağıt forminhaların (cupcake kağıtları) içine dökün ve sertleşmesine izin verin.

Crunch Çubukları

12 yıl önce

175 gr / 6 ons / ¾ fincan tereyağı veya margarin

50 gr / 2 ons / ¼ fincan yumuşak kahverengi şeker

30 ml / 2 yemek kaşığı altın pekmez (hafif mısır)

45 ml / 3 yemek kaşığı kakao (şekersiz çikolata) tozu

75g / 3oz / ½ su bardağı kuru üzüm veya kuru üzüm (altın kuru üzüm)

350g / 12oz / 3 su bardağı Çıtır Yulaf Tahıl

225g / 8oz / 2 su bardağı sade çikolata (yarı tatlı)

Tereyağı veya margarini şeker, şurup ve kakao ile eritin. Kuru üzüm veya kuru üzüm ve mısır gevreğini karıştırın. Karışımı yağlanmış 25 cm / 12 cm kek kalıbına bastırın. Çikolatayı ısıya dayanıklı bir kapta, kaynar su dolu bir tencerenin üzerinde eritin. Çubukların üzerine yayın ve soğumaya bırakın, ardından çubuklar halinde kesmeden önce buzdolabında saklayın.

Hindistan Cevizi ve Üzümlü Cips

12 yıl önce

100 gr / 4 ons / 1 su bardağı beyaz çikolata

30 ml / 2 yemek kaşığı süt

30 ml / 2 yemek kaşığı altın pekmez (hafif mısır)

175 gr / 6 ons / 6 su bardağı şişirilmiş pirinç gevreği

50 gr / 2 ons / 1/3 su bardağı kuru üzüm

Çikolata, süt ve şurubu bir tavada eritin. Ateşten alın ve tahıl ve kuru üzümleri karıştırın. Kek için kağıt forminhaların (cupcake kağıtları) içine dökün ve sertleşmesine izin verin.

Süt kareleri ile kahve

20 yıl önce

25 gr / 1 ons / 2 yemek kaşığı jelatin tozu

75 ml / 5 yemek kaşığı soğuk su

225 gr / 8 ons / 2 su bardağı sade kurabiye kırıntısı (bisküvi)

50 gr / 2 ons / ¼ fincan eritilmiş tereyağı veya margarin

400 gr / 14 ons / 1 büyük kutu buharlaştırılmış süt

150 gr / 5 ons / 2/3 su bardağı pudra şekeri (çok ince)

400 ml / 14 fl oz / 1¾ fincan sert sade kahve, soğutulmuş

Süslemek için çırpılmış krema ve şekerlenmiş (şekerlenmiş) portakal dilimleri

Jelatini bir kapta suyun üzerine serpin ve süngerimsi olana kadar bırakın. Kaseyi sıcak su dolu bir tencereye koyun ve çözünmesine izin verin. Biraz soğumaya bırakın. Bisküvi kırıntılarını eritilmiş tereyağına karıştırın ve yağlanmış 30x20 cm / 12x8 dikdörtgen kek kalıbının tabanına ve yanlarına bastırın. Buharlaştırılmış sütü koyulaşana kadar çırpın ve azar azar şekeri, ardından çözünmüş jelatini ve kahveyi ekleyin. Tabanın üzerine yayın ve sertleşene kadar soğutun. Kareler halinde kesin ve krem şanti ve şekerlenmiş (şekerlenmiş) portakal dilimleri ile süsleyin.

Pişmemiş Meyveli Kek

23 cm / 9 kek yapar

450 gr / 1 lb / 22/3 su bardağı karışık kuru meyve (meyveli kek karışımı)

450 gr / 1 lb sade bisküvi (kurabiye), ezilmiş

100 gr / 4 oz / ½ su bardağı eritilmiş tereyağı veya margarin

100 gr / 4 ons / ½ fincan yumuşak kahverengi şeker

400 gr / 14 ons / 1 büyük kutu yoğunlaştırılmış süt

5 ml / 1 çay kaşığı vanilya özü (ekstraktı)

Tüm malzemeleri iyice karışana kadar karıştırın. Yağlanmış 23 cm / 9 kaşıkla yağlanmış bir kalıba (fırın tepsisi) streç film (plastik sargı) ile kaplanmış olarak aktarın ve bastırın. Sertleşene kadar soğutun.

meyveli kareler

yaklaşık 12 verim

100 gr / 4 ons / ½ fincan tereyağı veya margarin

100 gr / 4 ons / ½ fincan yumuşak kahverengi şeker

400 gr / 14 ons / 1 büyük kutu yoğunlaştırılmış süt

5 ml / 1 çay kaşığı vanilya özü (ekstraktı)

250 gr / 9 oz / 1½ su bardağı karışık kuru meyve (meyveli kek karışımı)

100 gr / 4 ons / ½ fincan sırlı kiraz (şekerlenmiş)

50 gr / 2 ons / ½ fincan kıyılmış karışık kuruyemiş

400 g / 14 oz kurabiye (kurabiye), ezilmiş

Tereyağını veya margarini ve şekeri kısık ateşte eritin. Yoğunlaştırılmış süt ve vanilya özünü ekleyin ve ocaktan alın. Kalan malzemeleri karıştırın. Yağlanmış bir İsviçre rulo tavasına (Jello pan) bastırın ve sertleşene kadar 24 saat buzdolabında saklayın. Kareler halinde kesin.

Meyve ve Lif Çatlakları

12 yıl önce

100 gr / 4 ons / 1 su bardağı sade çikolata (yarı tatlı)

50 gr / 2 ons / ¼ fincan tereyağı veya margarin

15 ml / 1 yemek kaşığı altın pekmez (hafif mısır)

100 gr / 4 ons / 1 su bardağı meyve ve lifli kahvaltılık gevrek

Çikolatayı ısıya dayanıklı bir kapta, kaynar su dolu bir tencerenin üzerinde eritin. Tereyağı veya margarin ve şurubu ekleyin. Mısır gevreğini ekleyin. Kağıt kek kalıplarına (kek kağıtları) dökün ve soğumaya ve sertleşmeye bırakın.

Nuga Katmanlı Kek

900 gr / 2 lb kek yapar

15 gr / ½ ons / 1 yemek kaşığı jelatin tozu

100 ml / 3½ fl oz / 6½ yemek kaşığı su

1 paket pandispanya

225g / 8oz / 1 fincan tereyağı veya margarin, yumuşatılmış

50 g / 2 oz / ¼ fincan pudra şekeri (çok ince)

400 gr / 14 ons / 1 büyük kutu yoğunlaştırılmış süt

5 ml / 1 çay kaşığı limon suyu

5 ml / 1 çay kaşığı vanilya özü (ekstraktı)

5 ml / 1 tatlı kaşığı krem tartar

100g / 4oz / 2/3 fincan karışık kuru meyve (meyveli kek karışımı), doğranmış

Jelatini küçük bir kasedeki suyun üzerine serpin ve kaseyi jelatin berraklaşana kadar sıcak su dolu bir tencereye koyun. Biraz soğumaya bırakın. 900 g / 2 lb'lik bir somun tepsisini (fırın tepsisi) alüminyum folyo ile kaplayın, böylece folyo tavanın üstünü kaplar, ardından kek pandispanyalarının yarısını tabana yerleştirin. Tereyağı veya margarin ve şekeri krema kıvamına gelene kadar çırpın, ardından kalan tüm malzemeleri ekleyin. Kalıba dökün ve kalan pandispanyaları üstüne dizin. Alüminyum folyo ile kaplayın ve üzerine bir ağırlık yerleştirin. Sertleşene kadar soğutun.

Süt ve küçük hindistan cevizi kareleri

20 yıl önce

taban için:

225 gr / 8 ons / 2 su bardağı sade kurabiye kırıntısı (bisküvi)

30ml / 2 yemek kaşığı yumuşak kahverengi şeker

2,5 ml / ½ çay kaşığı rendelenmiş hindistan cevizi

100 gr / 4 oz / ½ su bardağı eritilmiş tereyağı veya margarin

Dolgu için:

1,2 litre / 2 puan / 5 su bardağı süt

25 gr / 1 ons / 2 yemek kaşığı tereyağı veya margarin

2 ayrı yumurta

225 gr / 8 ons / 1 su bardağı pudra şekeri (çok ince)

100 gr / 4 oz / 1 su bardağı mısır nişastası (mısır nişastası)

50 gr / 2 ons / ½ fincan sade un (çok amaçlı)

5 ml / 1 tatlı kaşığı kabartma tozu

Bir tutam rendelenmiş hindistan cevizi

Üzerine serpmek için rendelenmiş hindistan cevizi

Tabanı yapmak için bisküvi kırıntılarını, şekeri ve muskat cevizini eritilmiş tereyağı veya margarinle karıştırın ve yağlanmış 30x20 cm / 12x8 cm'lik kek kalıbının tabanına bastırın.

Dolguyu yapmak için 1 litre / 1¾ puan / 4¼ bardak sütü büyük bir tencerede kaynatın. Tereyağı veya margarin ekleyin. Sarıları kalan sütle çırpın. Şeker, mısır unu, un, kabartma tozu ve hindistan cevizini karıştırın. Kaynayan sütün bir kısmını yumurta sarısı karışımına bir macun oluşana kadar çırpın, ardından bu karışımı kaynayan süte ilave edin ve koyulaşana kadar birkaç dakika kısık ateşte sürekli çırpın. ateşten çıkarın. Yumurta aklarını sertleşene kadar çırpın, ardından karışıma ekleyin. Tabanın üzerine yayın ve bol miktarda hindistan cevizi serpin. Soğumaya bırakın, soğutun ve servis yapmadan önce kareler halinde kesin.

müsli ezmesi

Yaklaşık 16 kare yapar

400g / 14oz / 3½ su bardağı sade çikolata (yarı tatlı)

45 ml / 3 yemek kaşığı altın pekmez (hafif mısır)

25 gr / 1 ons / 2 yemek kaşığı tereyağı veya margarin

Yaklaşık 225 gr / 8 ons / 2/3 fincan müsli

Çikolatanın yarısını, şurubu ve tereyağı veya margarini eritin. Sert bir karışım yapmak için yavaş yavaş yeteri kadar müsli ekleyin. Yağlanmış bir İsviçre rulo tepsisine (jöle rulo tepsisi) bastırın. Kalan çikolatayı benmari usulü eritin ve üzerini düzeltin. Kareler halinde kesmeden önce soğutun.

Turuncu mus kareler

20 yıl önce

25 gr / 1 ons / 2 yemek kaşığı jelatin tozu

75 ml / 5 yemek kaşığı soğuk su

225 gr / 8 ons / 2 su bardağı sade kurabiye kırıntısı (bisküvi)

50 gr / 2 ons / ¼ fincan eritilmiş tereyağı veya margarin

400 gr / 14 ons / 1 büyük kutu buharlaştırılmış süt

150 gr / 5 ons / 2/3 su bardağı pudra şekeri (çok ince)

400 ml / 14 fl oz / 1¾ su bardağı portakal suyu

Süslemek için krem şanti ve çikolata şekerlemeler

Jelatini bir kapta suyun üzerine serpin ve süngerimsi olana kadar bırakın. Kaseyi sıcak su dolu bir tencereye koyun ve çözünmesine izin verin. Biraz soğumaya bırakın. Bisküvi kırıntılarını eritilmiş tereyağıyla karıştırın ve yağlanmış 30x20 cm / 12x8 sığ kek kalıbının tabanına ve yanlarına bastırın. Sütü koyulaşana kadar çırpın ve yavaş yavaş şekeri, ardından çözünmüş jelatini ve portakal suyunu ekleyin. Tabanın üzerine yayın ve sertleşene kadar soğutun. Kareler halinde kesin ve krem şanti ve çikolatalı şekerlemelerle süsleyin.

fıstık kareleri

18 yıl önce

225 gr / 8 ons / 2 su bardağı sade kurabiye kırıntısı (bisküvi)

100 gr / 4 oz / ½ su bardağı eritilmiş tereyağı veya margarin

225 gr / 8 ons / 1 su bardağı gevrek fıstık ezmesi

25 gr / 1 ons / 2 yemek kaşığı sırlı kiraz (şekerlenmiş)

25 gr / 1 ons / 3 yemek kaşığı kuş üzümü

Tüm malzemeleri iyice karışana kadar karıştırın. Bir fırın tepsisine (fırın tepsisine) yağlanmış 25 cm / 12 cm'lik bir kalıba bastırın ve sertleşene kadar soğutun, ardından kareler halinde kesin.

Nane Karamelli Kek

16 yıl önce

400 gr / 14 ons / 1 büyük kutu yoğunlaştırılmış süt

600 ml / 1 pk / 2½ su bardağı süt

30 ml / 2 yemek kaşığı toz krem

225 gr / 8 ons / 2 su bardağı sindirimi kolaylaştıran bisküvi kırıntıları (Graham krakerleri)

100 gr / 4 ons / 1 su bardağı naneli çikolata, parçalara ayrılmış

Açılmamış yoğunlaştırılmış süt kutusunu, kutuyu kaplayacak kadar suyla bir tencereye koyun. Bir kaynamaya getirin, örtün ve gerekirse kaynar su ekleyerek 3 saat pişirin. Soğumaya bırakın, kutuyu açın ve karameli çıkarın.

500 ml / 17 fl oz / 2¼ bardak sütü karamel ile ısıtın, kaynatın ve eriyene kadar karıştırın. Kalan süt ile krema tozunu macun haline getirin, tavada karıştırın ve koyulaşana kadar sürekli karıştırarak pişirmeye devam edin. Bisküvi kırıntılarının yarısını yağlanmış 20cm / 8 20cm / 8 kare kek kalıbının tabanına serpin, ardından krem karamelin yarısını üstüne kaşıklayın ve çikolatanın yarısını serpin. Katmanları tekrarlayın ve soğumaya bırakın. Soğutun ve servis yapmak için porsiyonlar halinde kesin.

pirinç patlakları

24 yıl önce

175 gr / 6 ons / ½ su bardağı saf bal

225 gr / 8 ons / 1 su bardağı toz şeker

60 ml / 4 yemek kaşığı su

350 gr / 12 ons / 1 kutu pirinç gevreği

100 gr / 4 ons / 1 su bardağı kavrulmuş fıstık

Geniş bir tavada bal, şeker ve suyu eritip 5 dakika soğumaya bırakın. Mısır gevreğini ve fıstıkları ekleyin. Topları yuvarlayın, kağıt kek kalıplarına (kek kağıdı) yerleştirin ve soğumaya ve sertleşmeye bırakın.

Pirinç ve Çikolatalı Toffet

225g / 8oz verim

50 gr / 2 ons / ¼ fincan tereyağı veya margarin

30 ml / 2 yemek kaşığı altın pekmez (hafif mısır)

30 ml / 2 yemek kaşığı kakao (şekersiz çikolata) tozu

60 ml / 4 yemek kaşığı pudra şekeri (çok ince)

50g / 2oz / ½ fincan öğütülmüş pirinç

Tereyağı ve şurubu eritin. Kakao ve şekeri eriyene kadar ekleyin ve toz pirinci ekleyin. Hafifçe kaynatın, ısıyı azaltın ve sürekli karıştırarak 5 dakika kısık ateşte pişirin. Yağlanmış ve astarlanmış 20 cm / 8 kare bir kalıba (fırın tepsisine) dökün ve biraz soğumaya bırakın. Kareler halinde kesin ve kalıptan çıkarmadan önce tamamen soğumaya bırakın.

Badem Ezmesi

23cm / 9cm pastanın üstünü ve yanlarını kaplar

225 gr / 8 ons / 2 su bardağı öğütülmüş badem

225 gr / 8 ons / 11/3 su bardağı pudra şekeri (şekerlemecilerin) elenmiş

225 gr / 8 ons / 1 su bardağı pudra şekeri (çok ince)

2 yumurta, hafifçe çırpılmış

10 ml / 2 çay kaşığı limon suyu

Birkaç damla badem özü (özü)

Bademleri ve şekeri çırpın. Pürüzsüz bir macun elde edene kadar kalan malzemeleri yavaş yavaş karıştırın. Plastik sargıya (plastik sargı) sarın ve kullanmadan önce buzdolabında saklayın.

Şekersiz Badem Ezmesi

15 cm / 6 cm pastanın üstünü ve yanlarını kaplar

100 gr / 4 ons / 1 su bardağı öğütülmüş badem

50 gr / 2 ons / ½ su bardağı fruktoz

25 gr / 1 ons / ¼ fincan mısır unu (mısır nişastası)

1 yumurta, hafifçe çırpılmış

Pürüzsüz bir macun elde edene kadar tüm malzemeleri karıştırın. Plastik sargıya (plastik sargı) sarın ve kullanmadan önce buzdolabında saklayın.

Kraliyet kreması

20 cm pastanın üzerini ve kenarlarını kaplar / 8

5 ml / 1 çay kaşığı limon suyu

2 yumurta akı

450 g / 1 lb / 2 2/3 su bardağı şekerlemeci (şekerlemeci) şekeri, elenmiş

5 ml / 1 çay kaşığı gliserin (isteğe bağlı)

Limon suyu ve yumurta aklarını birlikte çırpın ve krema pürüzsüz ve beyaz olana ve bir kaşığın arkasını kaplayana kadar yavaş yavaş pudra şekerini çırpın. Birkaç damla gliserin, buzlanmanın fazla ufalanmasını önleyecektir. Nemli bir bezle örtün ve hava kabarcıklarının yüzeye çıkması için 20 dakika bekletin.

Kekin üzerine bu kıvamda bir kabuk dökülebilir ve sıcak suya batırılmış bir bıçakla düzeltilebilir. Pipolar için, fazladan şekerlemecilerin şekerini karıştırın, böylece donma, zirveler oluşturacak kadar sağlamdır.

şekersiz krema

15 cm / 6 pasta kaplayabilir

50 gr / 2 ons / ½ su bardağı fruktoz

biraz tuz

1 yumurta akı

2,5 ml / ½ çay kaşığı limon suyu

Fruktoz tozunu bir mutfak robotunda pudra şekeri kadar ince olana kadar karıştırın. Tuzu karıştırın. Isıya dayanıklı bir kaba aktarın ve yumurta akı ve limon suyunu ekleyin. Kâseyi hafifçe kaynayan su dolu bir tencerenin üzerine yerleştirin ve sert zirveler oluşana kadar dövmeye devam edin. Ateşten alın ve soğuyana kadar çırpın.

fondan krema

20cm / 8cm'lik bir pastayı kaplayacak kadar yapar

450 gr / 1 lb / 2 su bardağı toz şeker (çok ince) veya kızarmış şeker

150 ml / ¼ puan / 2/3 su bardağı su

15 ml / 1 yemek kaşığı sıvı glikoz veya 2,5 ml / ½ çay kaşığı krem tartar

Şekeri suda büyük, ağır bir tencerede kısık ateşte eritin. Kristallerin oluşmasını önlemek için tencerenin kenarlarını soğuk suya batırılmış bir fırça ile temizleyin. Krem tartarı biraz suda eritip tavada karıştırın. Bir damla buzlanma soğuk suya düştüğünde yumuşak bir top oluşturduğunda, kaynatın ve sürekli olarak 115°C / 242°F'ye kadar kaynatın. Şurubu ısıya dayanıklı bir kaba yavaşça dökün ve kabuk oluşana kadar bekletin. Buzlanmayı, opak ve sert olana kadar bir tahta kaşıkla çırpın. Pürüzsüz olana kadar yoğurun. Gerekirse kullanmadan önce yumuşatmak için bir tencere sıcak su üzerinde ısıya dayanıklı bir kapta ısıtın.

tereyağı sosu

20 cm pastayı doldurup kaplayabilir / 8

100 gr / 4 ons / ½ fincan tereyağı veya margarin, yumuşatılmış

225 gr / 8 ons / 11/3 su bardağı pudra şekeri (şekerlemecilerin) elenmiş

30 ml / 2 yemek kaşığı süt

Tereyağı veya margarini kabarana kadar çırpın. Yavaş yavaş pudra şekeri ve sütü iyice karışana kadar çırpın.

Pasta için çikolata sosu

20 cm pastayı doldurup kaplayabilir / 8

30 ml / 2 yemek kaşığı kakao (şekersiz çikolata) tozu

15 ml / 1 yemek kaşığı kaynar su

100 gr / 4 ons / ½ fincan tereyağı veya margarin, yumuşatılmış

225 gr / 8 ons / 11/3 su bardağı pudra şekeri (şekerlemecilerin) elenmiş

15 ml / 1 yemek kaşığı süt

Kakaoyu kaynayan su ile macun kıvamına gelene kadar karıştırın ve soğumaya bırakın. Tereyağı veya margarini kabarana kadar çırpın. Pudra şekeri, süt ve kakao karışımını çok pürüzsüz olana kadar yavaş yavaş çırpın.

Beyaz Çikolatalı Tereyağı Sosu

20 cm pastayı doldurup kaplayabilir / 8

100 gr / 4 ons / 1 su bardağı beyaz çikolata

100 gr / 4 ons / ½ fincan tereyağı veya margarin, yumuşatılmış

225 gr / 8 ons / 11/3 su bardağı pudra şekeri (şekerlemecilerin) elenmiş

15 ml / 1 yemek kaşığı süt

Çikolatayı ısıya dayanıklı bir kapta, kaynayan su üzerinde eritin ve biraz soğumaya bırakın. Tereyağı veya margarini kabarana kadar çırpın. Pudra şekeri, süt ve çikolatayı homojen bir karışım elde edinceye kadar azar azar ilave edin.

Kahve Tereyağlı Buzlanma

20 cm pastayı doldurup kaplayabilir / 8

100 gr / 4 ons / ½ fincan tereyağı veya margarin, yumuşatılmış

225 gr / 8 ons / 11/3 su bardağı pudra şekeri (şekerlemecilerin) elenmiş

15 ml / 1 yemek kaşığı süt

15 ml / 1 yemek kaşığı kahve özü (özü)

Tereyağı veya margarini kabarana kadar çırpın. Pudra şekeri, süt ve kahve esansını homojen bir karışım elde edinceye kadar azar azar ilave edin.

Limon Tereyağı Sosu

20 cm pastayı doldurup kaplayabilir / 8

100 gr / 4 ons / ½ fincan tereyağı veya margarin, yumuşatılmış

225 gr / 8 ons / 11/3 su bardağı pudra şekeri (şekerlemecilerin) elenmiş

30 ml / 2 yemek kaşığı limon suyu

1 limonun rendelenmiş kabuğu

Tereyağı veya margarini kabarana kadar çırpın. Yavaş yavaş pudra şekeri, limon suyu ekleyin ve iyice karışana kadar kabuğunu soyun.

Portakallı Tereyağı Sosu

20 cm pastayı doldurup kaplayabilir / 8

100 gr / 4 ons / ½ fincan tereyağı veya margarin, yumuşatılmış

225 gr / 8 ons / 11/3 su bardağı pudra şekeri (şekerlemecilerin) elenmiş

30 ml / 2 yemek kaşığı portakal suyu

1 portakalın rendelenmiş kabuğu

Tereyağı veya margarini kabarana kadar çırpın. Yavaş yavaş pudra şekeri, portakal suyu ekleyin ve homojen bir karışım elde edene kadar kabuğunu soyun.

Krem peynirli dondurmalı kek

25 cm / 9 ölçülerindeki bir pastayı kaplayabilir

75 gr / 3 ons / 1/3 su bardağı krem peynir

30 ml / 2 yemek kaşığı tereyağı veya margarin

350 gr / 12 ons / 2 su bardağı pudra şekeri (şekerlemecilerin) elenmiş

5 ml / 1 çay kaşığı vanilya özü (ekstraktı)

Peyniri ve tereyağını veya margarini hafif ve kabarık olana kadar çırpın. Pürüzsüz ve kremsi olana kadar yavaş yavaş pudra şekeri ve vanilya özünde çırpın.

portakallı krema

25 cm / 9 ölçülerindeki bir pastayı kaplayabilir

250 gr / 9 ons / 1½ fincan krema (şekerleme) şekeri, elenmiş

30 ml / 2 yemek kaşığı tereyağı veya margarin, yumuşatılmış

Birkaç damla badem özü (özü)

60 ml / 4 yemek kaşığı portakal suyu

Pudra şekerini bir kaseye koyun ve tereyağı veya margarin ve badem esansını karıştırın. Sert bir tepe yapmak için yavaş yavaş yeterli portakal suyunu karıştırın.

kremalı turta

12 yıl önce

Kısa Hamur Böreği 225 g / 8 oz

15 ml / 1 yemek kaşığı pudra şekeri (çok ince)

1 yumurta, hafifçe çırpılmış

150 ml / ¼ pt / 2/3 su bardağı ılık süt

biraz tuz

Üzerine serpmek için rendelenmiş hindistan cevizi

Hamuru açın ve 12 derin tart kalıbını (hamburger kalıbı) sıralayın. Şekeri yumurta ile karıştırın ve yavaş yavaş ılık süt ve tuzu ekleyin. Karışımı pasta kalıplarına (turta kabukları) dökün ve hindistan cevizi serpin. 200°C/400°F/gaz işareti 6'da önceden ısıtılmış fırında 20 dakika pişirin. Kutularda soğumaya bırakın.

Danimarka kremalı tart

8 yapar

200 gr / 7 oz / az 1 su bardağı tereyağı veya margarin

250g / 9oz / 2¼ su bardağı sade un (çok amaçlı)

50 gr / 2 ons / 1/3 su bardağı pudra şekeri, elenmiş

2 yumurta sarısı

1 miktar Danimarka krema dolgusu

Tereyağı veya margarini un ve şekerle karışım ekmek kırıntısı görünümüne gelene kadar ovalayın. Sarıları ekleyin ve iyice karıştırın. Plastik sargıyla (plastik sargı) örtün ve 1 saat buzdolabında saklayın. Hamurun (macun) üçte ikisini açın ve yağlanmış tartlet kalıplarını (hamburger kalıpları) hizalamak için kullanın. Krema dolgulu doldurun. Kalan hamuru açın ve turtaların üst kısımlarını kesin. Kenarları nemlendirin ve mühürlemek için bastırın. 200°C/400°F/gaz işareti 6'da önceden ısıtılmış fırında 15-20 dakika kızarana kadar pişirin. Kutularda soğumaya bırakın.

meyveli turtalar

12 yıl önce

75g / 3oz / 1/3 fincan tereyağı veya margarin, doğranmış

175 gr / 6 ons / 1½ fincan sade un (çok amaçlı)

45 ml / 3 yemek kaşığı pudra şekeri (çok ince)

10 ml / 2 çay kaşığı ince rendelenmiş portakal kabuğu

1 yumurta sarısı

15 ml / 1 yemek kaşığı su

175 gr / 6 ons / ¾ fincan krem peynir

15 ml / 1 yemek kaşığı süt

350 g / 12 oz yarıya bölünmüş ve çekirdekleri çıkarılmış üzüm, mandalina dilimleri, dilimlenmiş çilek, böğürtlen veya ahududu gibi karışık meyveler

45 ml / 3 yemek kaşığı kayısı reçeli (konserve), elenmiş (süzülmüş)

15 ml / 1 yemek kaşığı su

Tereyağı veya margarini karışım galeta ununa benzeyene kadar una yedirin. 30 ml / 2 yemek kaşığı şeker ve portakal kabuğunun yarısını ekleyin. Yumurta sarısını ve yeteri kadar suyu ekleyerek yumuşak bir hamur elde edin. Plastik sargıya (plastik sargı) sarın ve 30 dakika buzdolabında saklayın.

Hamuru (hamuru) hafifçe unlanmış bir yüzeyde 3 mm / 1/8 kalınlığa kadar açın ve 12 baret (tekne şeklinde) veya tartlet kalıbını hizalamak için kullanın. Parşömen kağıdı (mumlu) ile kaplayın, fasulye ile doldurun ve önceden ısıtılmış fırında 190°C / 375°F / gaz 5'te 10 dakika pişirin. Kağıdı ve fasulyeleri çıkarın ve kızarana kadar 5 dakika daha pişirin. Kalıplarda 5 dakika soğumaya bırakın ve soğumasını bitirmek için fırına koyun.

Peyniri süt, kalan şeker ve portakal kabuğu ile pürüzsüz olana kadar çırpın. Kalıplara (turta kabukları) dökün ve meyveleri üstüne yerleştirin. Reçeli ve suyu küçük bir tencerede iyice karışana kadar ısıtın, ardından meyvelerin üzerine fırçayla sürerek sır verin. Servis yapmadan önce soğutun.

ceneviz turtası

Pastada 23 cm / 9 yapar

100 gr / 4 oz Puf böreği

50 gr / 2 oz / ¼ fincan tereyağı veya margarin, yumuşatılmış

75 gr / 3 ons / 1/3 su bardağı pudra şekeri (çok ince)

75 gr / 3 oz / ¾ fincan badem, doğranmış

3 yumurta, ayrılmış

2,5 ml / ½ çay kaşığı vanilya özü (ekstraktı)

100 gr / 4 ons / 1 su bardağı sade un (çok amaçlı)

100 gr / 4 ons / 2/3 fincan krema (şekerlemeci) şekeri, elenmiş

½ limon suyu

Hamuru hafifçe unlanmış bir yüzeyde açın ve 23 cm / 9 kek kalıbını (kalıp) yayın. Her şeyi bir çatalla delin. Tereyağı veya margarini ve rafine şekeri hafif ve kabarık olana kadar çırpın. Yavaş yavaş bademleri, yumurta sarılarını ve vanilya esansını ekleyin. Unu ekleyin. Yumurta aklarını sertleşene kadar çırpın, ardından karışıma ekleyin. Pasta (turta) kalıbına dökün ve önceden ısıtılmış fırında 190 °C / 375 °F / gaz işareti 5'te 30 dakika pişirin. 5 dakika soğumaya bırakın. Pudra şekerini limon suyuyla karıştırıp pastanın üzerine yayın.

zencefilli kurabiye

Pastada 23 cm / 9 yapar

225 gr / 8 ons / 2/3 fincan altın şurubu (hafif mısır)

250 ml / 8 fl oz / 1 su bardağı kaynar su

2,5 ml / ½ çay kaşığı toz zencefil

60 ml / 4 yemek kaşığı ince kıyılmış kristalize zencefil (şekerlenmiş)

30 ml / 2 yemek kaşığı mısır unu (mısır nişastası)

15 ml / 1 yemek kaşığı krema tozu

1 kutu sade pandispanya

Şurubu, suyu ve öğütülmüş zencefili kaynatın, ardından şekerlenmiş zencefili ekleyin. Mısır unu ve krema tozunu biraz su ile macun haline getirin, zencefil karışımına ekleyin ve sürekli karıştırarak birkaç dakika kısık ateşte pişirin. Dolguyu turta kalıbına (kabuk) yerleştirin ve soğumaya ve sertleşmeye bırakın.

jöleli turtalar

12 yıl önce

Kısa Hamur Böreği 225 g / 8 oz

175 gr / 6 ons / ½ fincan sert veya bütün meyve jölesi (konserve)

Hamuru (hamur) açın ve yağlanmış bir somun tepsisini (fırın tepsisi) hizalayın. Reçeli turtalara paylaştırın ve önceden 200 °C / 400 °F / gaz işareti 6'ya ısıtılmış fırına 15 dakika koyun.

cevizli turta

Pastada 23 cm / 9 yapar

Kısa Hamur Böreği 225 g / 8 oz

50 gr / 2 ons / ½ su bardağı pekan cevizi

3 yumurta

225 gr / 8 ons / 2/3 fincan altın şurubu (hafif mısır)

75 gr / 3 ons / 1/3 su bardağı yumuşak kahverengi şeker

2,5 ml / ½ çay kaşığı vanilya özü (ekstraktı)

biraz tuz

Hamuru (hamuru) hafifçe unlanmış bir yüzeyde açın ve yağlanmış 23 cm / 9 puding kalıbını hizalayın.Parşömen (mumlu) kağıt ile örtün, fasulye ile doldurun ve önceden ısıtılmış 190C °C / 375 °C fırında körü körüne pişirin. 10 dakika boyunca F / gaz işareti 5. Kağıdı ve fasulyeleri çıkarın.

Fındıkları pasta (turta) tavasında çekici bir desende düzenleyin. Hafif ve köpüklü bir krema elde edene kadar yumurtaları çırpın. Şurubu, ardından şekeri ekleyin ve şeker eriyene kadar çırpmaya devam edin. Vanilya özünü ve tuzu ekleyin ve pürüzsüz olana kadar dövün. Karışımı kalıba koyun ve önceden ısıtılmış fırında 10 dakika bekletin. Fırın sıcaklığını 180°C / 350°F / gaz işareti 4'e düşürün ve kızarana kadar 30 dakika daha pişirin. Servis yapmadan önce soğumaya ve sertleşmeye bırakın.

Cevizli ve Elmalı Tart

Pastada 23 cm / 9 yapar

2 yumurta

350 gr / 12 ons / 1½ su bardağı pudra şekeri (çok ince)

50 gr / 2 ons / ½ fincan sade un (çok amaçlı)

10 ml / 2 çay kaşığı kabartma tozu

biraz tuz

100 g / 4 oz pişirme (turta) elma, soyulmuş, özlü ve doğranmış

100 gr / 4 ons / 1 su bardağı pekan cevizi veya ceviz

150 ml / ¼ puan / 2/3 su bardağı krem şanti

Yumurtaları hafif ve köpüklü olana kadar çırpın. Krema hariç kalan tüm malzemeleri listelenen sırayla birer birer karıştırın. Yağlanmış ve astarlanmış bir kek kalıbına (fırın tepsisi) 23 cm / 9 dökün ve önceden ısıtılmış fırında 160°C / 325°F / gaz 3'te yaklaşık 45 dakika iyice kabarana ve altın rengi olana kadar pişirin. krema ile servis yapın.

Gainsborough Tart

20 cm / 8 inç pasta yapar

25 gr / 1 ons / 2 yemek kaşığı tereyağı veya margarin

2,5 ml / ½ çay kaşığı kabartma tozu

50 g / 2 oz / ¼ fincan pudra şekeri (çok ince)

100 gr / 4 ons / 1 su bardağı kurutulmuş hindistan cevizi (rendelenmiş)

50 gr / 2 ons / ¼ fincan sırlı (şekerlenmiş) kiraz, doğranmış

2 çırpılmış yumurta

Tereyağını eritin, kalan malzemeleri karıştırın ve yağlanmış ve unlanmış 20 cm / 8 kek kalıbına dökün. Önceden ısıtılmış fırında 180°C/350°F/gaz işareti 4'te 30 dakika yumuşayana kadar pişirin.

Limonlu Turta

25 cm / 10 na turta yapar
Kısa Hamur Böreği 225 g / 8 oz

100 gr / 4 ons / ½ fincan tereyağı veya margarin

4 yumurta

2 limonun rendelenmiş kabuğu ve suyu

100 gr / 4 oz / ½ su bardağı pudra şekeri (çok ince)

250 ml / 8 fl oz / 1 su bardağı çift krema (ağır)

Süslemek için nane yaprakları

Hamuru (hamuru) hafifçe unlanmış bir yüzeyde açın ve 25 cm / 10 cm'lik bir tart kalıbına (tava) yayın ve tabanını bir çatalla delin. Parşömen kağıdı (mumlu) ile örtün ve fasulye ile doldurun. Önceden ısıtılmış fırında 200°C/400°F/gaz işareti 6'da 10 dakika pişirin. Kağıdı ve fasulyeleri alıp 5 dakika daha tabanı kuruyana kadar pişirin. Fırın sıcaklığını 160°C / 325°F / gaz işareti 3'e düşürün.

Tereyağı veya margarini eritin ve 1 dakika soğumaya bırakın. Yumurtaları kabuğu ve limon suyuyla çırpın. Tereyağı, şeker ve kremayı ekleyin. Hamurun tabanına dökün ve düşük sıcaklıkta 20 dakika pişirin. Servis yapmadan önce soğumaya bırakın ve nane yapraklarıyla süsleyin.

limonlu turtalar

12 yıl önce

225g / 8oz / 1 fincan tereyağı veya margarin, yumuşatılmış

75 gr / 3 ons / ½ fincan krema (şekerlemeci) şekeri, elenmiş

175 gr / 6 ons / 1½ fincan sade un (çok amaçlı)

50 gr / 2 ons / ½ su bardağı mısır unu (mısır nişastası)

5 ml / 1 çay kaşığı rendelenmiş limon kabuğu

Çatıya:

30 ml / 2 yemek kaşığı limon lor

30 ml / 2 yemek kaşığı pudra şekeri, elenmiş

Tüm kek malzemelerini pürüzsüz olana kadar karıştırın. Bir sıkma torbasına doldurun ve bir tepsiye (pastel tepsi) yerleştirilmiş 12 adet kağıt bardağa dekoratif olarak sıkın. Önceden ısıtılmış fırında 180°C/350°F/gaz işareti 4'te 20 dakika kızarana kadar pişirin. Biraz soğumaya bırakın, her pastanın üzerine bir kaşık limonlu lor koyun ve pudra şekeri serpin.

portakallı turta

Pastada 23 cm / 9 yapar

1 kutu sade pandispanya

400 ml / 14 fl oz / 1¾ su bardağı portakal suyu

150 gr / 5 ons / 2/3 su bardağı pudra şekeri (çok ince)

30 ml / 2 yemek kaşığı toz krem

15 gr / ½ ons / 1 yemek kaşığı tereyağı veya margarin

15 ml / 1 yemek kaşığı rendelenmiş portakal kabuğu

Birkaç şekerlenmiş portakal dilimi (isteğe bağlı)

Temel pandispanya kutusunu (kabuk) hazırlayın. Pişirirken 250 ml / 8 fl oz / 1 fincan portakal suyunu şeker, krema tozu ve tereyağı veya margarinle karıştırın. Karışımı kısık ateşte kaynatın ve şeffaf ve kalın olana kadar hafifçe pişirin. Portakal kabuğunu ekleyin. Puding kutusu fırından çıkar çıkmaz kalan portakal suyunu gezdirin, portakal dolgusunu pudingin içine dökün ve soğumaya bırakın. Arzuya göre şekerlenmiş portakal dilimleri ile süsleyin.

Armut Turtası

20 cm / 8 inç pasta yapar

1 miktar Pâte Sucrée

Dolgu için:

150 ml / ¼ pt / 2/3 su bardağı krema (ağır)

2 yumurta

50 g / 2 oz / ¼ fincan pudra şekeri (çok ince)

5 armut

Glazür için:

75 ml / 5 yemek kaşığı frenk üzümü jelatini (konserve şeffaf)

30 ml / 2 yemek kaşığı su

Bir sıkılmış limon suyu

Sucrée'yi açın ve 20 cm'lik (8 cm'lik) bir tart kalıbını parşömen kağıdı (mumlu) ile kaplayın ve fasulyeleri doldurun ve önceden ısıtılmış fırında 190 °C / 375 °F / gaz işareti 5'te 12 dakika pişirin. Fırından çıkarın, kağıdı ve fasulyeleri çıkarın ve soğumaya bırakın.

Dolguyu yapmak için krema, yumurta ve şekeri karıştırın. Armutları soyup çekirdeklerini çıkarın ve uzunlamasına ikiye bölün. Kesilen tarafı aşağı gelecek şekilde yerleştirin ve armutların neredeyse ortasına kadar kesin, ancak yine de onları sağlam bırakın. Pasta kutusuna (kabuk) düzenleyin. Muhallebi karışımının üzerine dökün ve önceden ısıtılmış fırında 190°C / 375°F / gaz işareti 4'te 45 dakika pişirin, kurumadan kızarırsa parşömen (mumlu) kağıtla kapatın. Soğumaya bırakın.

Kremayı yapmak için reçel, su ve limon suyunu küçük bir sos tenceresinde iyice karışana kadar eritin. Buzlanma hala sıcakken meyveyi fırçalayın ve kurumaya bırakın. Aynı gün servis yapın.

Armutlu ve Bademli Tart

20 cm / 8 inç pasta yapar

Hamur için (salça):

100 gr / 4 ons / 1 su bardağı sade un (çok amaçlı)

50 gr / 2 ons / ½ fincan öğütülmüş badem

50 g / 2 oz / ¼ fincan pudra şekeri (çok ince)

75 gr / 3 ons / 1/3 fincan tereyağı veya margarin, doğranmış ve yumuşatılmış

1 yumurta sarısı

Birkaç damla badem özü (özü)

Dolgu için:

1 yumurta sarısı

50 g / 2 oz / ¼ fincan pudra şekeri (çok ince)

50 gr / 2 ons / ½ fincan öğütülmüş badem

30 ml / 2 yemek kaşığı armut aromalı likör veya başka bir likör tadı

3 büyük armut

krema için:

3 yumurta

25 gr / 1 ons / 2 yemek kaşığı pudra şekeri (çok ince)

300 ml / ½ pt / 1¼ su bardağı sade krema (hafif)

Hamuru için un, şeker ve bademleri bir kapta karıştırıp ortasını havuz gibi açın. Tereyağı veya margarini, yumurta sarısını ve vanilya esansını ekleyin ve yumuşak bir hamur elde edinceye kadar malzemeleri azar azar karıştırın. Plastik sargıya (plastik sargı) sarın ve 45 dakika buzdolabında saklayın. Unlanmış bir yüzey üzerinde açın ve yağlanmış ve astarlanmış 20 cm / 8 flanş kalıbı (tava) C / 400°F / gaz işareti 6'yı 15 dakika boyunca hizalamak için kullanın. Kağıdı ve fasulyeleri çıkarın.

Dolguyu yapmak için yumurta sarısını ve şekeri çırpın. Bademleri ve likörü ekleyin ve karışımı pasta kalıbına (turta kabuğu) yerleştirin. Armutları soyun, çekirdeklerini çıkarın ve ikiye bölün, ardından düz tarafı alta gelecek şekilde doldurmanın içine yerleştirin.

Kremayı yapmak için yumurta ve şekeri hafif ve kabarık olana kadar çırpın. Kremayı ekleyin. Armutları krema ile kaplayın ve önceden ısıtılmış fırında 180 ° C / 350 ° F / gaz işareti 4'te krema sertleşene kadar yaklaşık 15 dakika pişirin.

Kraliyet Üzümlü Tart

20 cm / 8 inç pasta yapar

Hamur için (salça):

100 gr / 4 ons / ½ fincan tereyağı veya margarin

225 gr / 8 ons / 2 su bardağı sade un (çok amaçlı)

biraz tuz

45ml / 3 yemek kaşığı soğuk su

Dolgu için:

50 gr / 2 ons / ½ su bardağı kek kırıntısı

175 gr / 6 ons / 1 su bardağı kuru üzüm

1 yumurta sarısı

5 ml / 1 çay kaşığı rendelenmiş limon kabuğu

Çatıya:

225 gr / 8 ons / 11/3 su bardağı pudra şekeri (şekerlemecilerin) elenmiş

1 yumurta akı

5 ml / 1 çay kaşığı limon suyu

Sona ermek:

45 ml / 3 yemek kaşığı frenk üzümü jelatini (konserve şeffaf)

Hamuru yapmak için tereyağı veya margarini un ve tuzla karışım galeta unu gibi olana kadar ovalayın. Bir hamur yapmak için yeterince soğuk suyla karıştırın. Plastik sargıya (plastik sargı) sarın ve 30 dakika buzdolabında saklayın.

Hamuru açın ve 20 cm / 8 kare kek kalıbını (kalıp) hizalayın. Dolgu malzemelerini karıştırın ve tabanın üzerine yayın, yüzeyi düzleştirin. Üst malzemelerini karıştırıp kekin üzerine yayın. Frenk üzümü reçelini pürüzsüz olana kadar çırpın, ardından pastanın üzerine bir kafes tasarımı yerleştirin. Önceden ısıtılmış fırında 190°C/375°F/gaz işareti 5'te 30 dakika pişirin, ardından fırın sıcaklığını 180°C/350°F/gaz işareti 4'e düşürün ve 10 dakika daha pişirin.

Üzümlü ve Ekşi Kremalı Pasta

Pastada 23 cm / 9 yapar

Kısa Hamur Böreği 225 g / 8 oz

30 ml / 2 yemek kaşığı sade un (çok amaçlı)

2 yumurta, hafifçe çırpılmış

60 ml / 4 yemek kaşığı pudra şekeri (çok ince)

250 ml / 8 fl oz / 1 su bardağı ekşi krema

225 gr / 8 ons / 11/3 su bardağı kuru üzüm

60 ml / 4 yemek kaşığı rom veya brendi

Birkaç damla vanilya özü (özü)

Hamuru (hamuru) hafifçe unlanmış bir yüzeyde 5 mm / ¼ kalınlığında açın. Un, yumurta, şeker ve kremayı karıştırın, kuru üzüm, rom veya brendi ve vanilya esansını ekleyin. Karışımı pasta kalıbına koyun ve önceden ısıtılmış fırında 200 °C / 400 °F / gaz işareti 6'da 20 dakika pişirin. Fırın sıcaklığını 180°C / 350°F / gaz işareti 4'e düşürün ve sertleşene kadar 5 dakika daha pişirin.

Çilekli Pasta

20 cm / 8 inç pasta yapar

1 miktar Pâte Sucrée

Dolgu için:

5 yumurta sarısı

175 gr / 6 ons / ¾ fincan pudra şekeri (çok ince)

75 gr / 3 ons / ¾ su bardağı mısır unu (mısır nişastası)

1 paket vanilya (çekirdek)

450 ml / ¾ pt / 2 su bardağı süt

15 gr / ½ ons / 1 yemek kaşığı tereyağı veya margarin

550 gr / 1¼ lb çilek, ikiye bölünmüş

Glazür için:

75 ml / 5 yemek kaşığı frenk üzümü jelatini (konserve şeffaf)

30 ml / 2 yemek kaşığı su

Bir sıkılmış limon suyu

Hamuru (hamur) açın ve 20 cm / 8'lik bir turta kalıbını (kalıp) hizalayın. Parşömen kağıdı (mumlu) ile kaplayın ve fasulye ile doldurun ve önceden ısıtılmış fırında 190 °C / 375 °F / gaz işareti 5'te 12 dakika pişirin. Fırından çıkarın, kağıdı ve fasulyeleri çıkarın ve soğumaya bırakın.

Dolguyu yapmak için, yumurta sarısını ve şekeri, karışım hafif ve kabarık olana ve çırpıcıdan şeritler halinde sürünene kadar çırpın. Mısır ununu ekleyin. Vanilya çubuğunu sütün içine koyun ve kaynatın. Vanilya çubuğunu çıkarın. Yavaş yavaş yumurta karışımında çırpın. Karışımı temiz bir tencereye dökün ve sürekli karıştırarak kaynatın ve karıştırmaya devam ederek 3 dakika pişirin. Ateşten alın ve eriyene kadar tereyağı veya margarin ekleyin. Yağlı (mumlu) parşömen kağıdı ile örtün ve soğumaya bırakın.

Pasta (turta) kalıbına kremayı dökün ve çilekleri çekici bir şekilde üstüne yerleştirin. Glazürü yapmak için reçel, su ve limon suyunu iyice karışana kadar eritin. Buzlanma hala sıcakken meyveyi fırçalayın ve kurumaya bırakın. Aynı gün servis yapın.

pekmezli turta

20 cm / 8 inç pasta yapar

75 gr / 3 ons / 1/3 fincan tereyağı veya margarin

175 gr / 6 ons / 1½ fincan sade un (çok amaçlı)

15 ml / 1 yemek kaşığı pudra şekeri (çok ince)

1 yumurta sarısı

30 ml / 2 yemek kaşığı su

225 gr / 8 ons / 2/3 fincan altın şurubu (hafif mısır)

50 gr / 2 ons / 1 su bardağı taze galeta unu

5 ml / 1 çay kaşığı limon suyu

Tereyağı veya margarini karışım galeta ununa benzeyene kadar una yedirin. Şekeri ekleyin, yumurta sarısını ve suyu ekleyin ve bir hamur (macun) oluşturmak için karıştırın. Plastik sargıya (plastik sargı) sarın ve 30 dakika buzdolabında saklayın.

Hamuru açın ve 20 cm / 8'lik bir tart kalıbını astarla kaplayın. Şurubu ısıtın ve ekmek kırıntıları ve limon suyuyla karıştırın. Dolguyu pasta kalıbına koyun ve önceden ısıtılmış fırında 180°C / 350°F / gaz işareti 4'te 35 dakika köpürene kadar pişirin.

Cevizli ve pekmezli börek

20 cm / 8 inç pasta yapar

Kısa Hamur Böreği 225 g / 8 oz

100 gr / 4 ons / ½ fincan tereyağı veya margarin, yumuşatılmış

50 gr / 2 ons / ¼ fincan yumuşak kahverengi şeker

2 çırpılmış yumurta

175 gr / 6 ons / ½ fincan altın şurup (hafif mısır), ısıtılmış

100 gr / 4 ons / 1 su bardağı ceviz, ince kıyılmış

1 limonun rendelenmiş kabuğu

½ limon suyu

Hamuru (hamur) açın ve 20 cm / 8 yağlanmış kek kalıbını (kalıp) hizalayın. Parşömen kağıdı (mumlu) ile kaplayın ve fasulye ile doldurun ve önceden ısıtılmış fırında 200 ° C / 400 ° F / gaz işareti 6'da 10 dakika yerleştirin. Fırından çıkarın ve kağıdı ve fasulyeleri çıkarın. Fırın sıcaklığını 180°C / 350°F / gaz işaretine düşürün 4.

Tereyağı veya margarin ve şekeri hafif ve kabarık olana kadar çırpın. Yavaş yavaş yumurtaları çırpın, ardından şurubu, fındıkları, limon kabuğunu ve suyunu ekleyin. Pasta formuna (turta) yerleştirin ve altın ve çıtır çıtır olana kadar 45 dakika pişirin.

Amish Shoo-uçan kek

23 x 30 cm kek yapar

225g / 8oz / 1 fincan tereyağı veya margarin, yumuşatılmış

225 gr / 8 ons / 2 su bardağı sade un (çok amaçlı)

225g / 8oz / 2 su bardağı tam buğday unu (tam buğday)

450 gr / 1 lb / 2 su bardağı yumuşak kahverengi şeker

350 gr / 12 oz / 1 su bardağı siyah pekmez (pekmez)

10 ml / 2 çay kaşığı karbonat (kabartma tozu)

450 ml / ¾ puan / 2 su bardağı kaynar su

Tereyağı veya margarini karışım galeta ununa benzeyene kadar unlara yedirin. Şekeri ekleyin. 100 gr / 4 oz / 1 su bardağı karışımı üzeri için ayırın. Pekmez, kabartma tozu ve suyu birleştirin ve kuru malzemeler emilene kadar un karışımına karıştırın. Yağlanmış ve unlanmış 23 x 30 cm / 9 x 12'lik bir kek kalıbına (fırın tepsisi) dökün ve ayrılmış karışımın üzerine serpin. Önceden ısıtılmış 180°C/350°F/gaz işareti 4 fırında 35 dakika ortasına batırdığınız kürdan temiz çıkana kadar pişirin. Sıcak servis yapın.

boston muhallebi dilimi

23 cm / 9 kek yapar

100 gr / 4 ons / ½ fincan tereyağı veya margarin, yumuşatılmış

225 gr / 8 ons / 1 su bardağı pudra şekeri (çok ince)

2 yumurta, hafifçe çırpılmış

2,5 ml / ½ çay kaşığı vanilya özü (ekstraktı)

175g / 6oz / 1½ fincan kendiliğinden kabaran un

5 ml / 1 tatlı kaşığı kabartma tozu

biraz tuz

60 ml / 4 yemek kaşığı süt

krema dolgusu

Tereyağı veya margarin ve şekeri hafif ve kabarık olana kadar çırpın. Her eklemeden sonra iyice çırparak yavaş yavaş yumurtaları ve vanilya esansını ekleyin. Un, kabartma tozu ve tuzu karıştırıp süt ile dönüşümlü olarak karışıma ekleyin. Yağlanmış ve unlanmış 23 cm / 9 kek kalıbına (fırın tepsisi) dökün ve önceden ısıtılmış fırında 180°C / 350°F / gaz işareti 4'te 30 dakika dokunana kadar pişirin. Soğuyunca keki yatay olarak dilimleyin ve iki yarısını krema dolgusu ile birleştirin.

Amerikan Beyaz Dağ Pastası

23 cm / 9 kek yapar

225g / 8oz / 1 fincan tereyağı veya margarin, yumuşatılmış

450 gr / 1 lb / 2 su bardağı pudra şekeri (çok ince)

3 yumurta, hafifçe çırpılmış

350 gr / 12 ons / 3 su bardağı kendiliğinden kabaran un

15 ml / 1 yemek kaşığı kabartma tozu

1,5 ml / ¼ çay kaşığı tuz

250 ml / 8 fl oz / 1 su bardağı süt

5 ml / 1 çay kaşığı vanilya özü (ekstraktı)

5 ml / 1 çay kaşığı badem özü (ekstraktı)

Limon dolgusu için:

45 ml / 3 yemek kaşığı mısır unu (mısır nişastası)

75 gr / 3 ons / 1/3 su bardağı pudra şekeri (çok ince)

1,5 ml / ¼ çay kaşığı tuz

300 ml / ½ pt / 1¼ su bardağı süt

25 gr / 1 ons / 2 yemek kaşığı tereyağı veya margarin

90 ml / 6 yemek kaşığı limon suyu

5 ml / 1 çay kaşığı rendelenmiş limon kabuğu

Buzlanma için:

350 gr / 12 ons / 1½ su bardağı pudra şekeri (çok ince)

biraz tuz

2 yumurta akı

75 ml / 5 yemek kaşığı soğuk su

15 ml / 1 yemek kaşığı altın pekmez (hafif mısır)

5 ml / 1 çay kaşığı vanilya özü (ekstraktı)

175 gr / 6 ons / 1½ su bardağı kurutulmuş hindistan cevizi (rendelenmiş)

Tereyağı veya margarin ve şekeri hafif ve kabarık olana kadar çırpın. Yumurtaları azar azar ekleyin. Un, kabartma tozu ve tuzu karıştırdıktan sonra süt ve esanslarla dönüşümlü olarak kremaya ekleyin. Karışımı yağlanmış ve astarlanmış 23 cm / 9 boy kek kalıbına (pişirme tavaları) dökün ve önceden ısıtılmış 180 °C / 350 °F / gaz işareti 4 fırına ortasına batırdığınız kürdan temiz çıkana kadar 30 dakika boyunca yerleştirin. . Soğumaya bırakın.

Dolguyu yapmak için mısır unu, şeker ve tuzu birleştirin, ardından sütü pürüzsüz olana kadar çırpın. Parçalar halinde tereyağı veya margarini ekleyin ve koyulaşana kadar yaklaşık 2 dakika kısık ateşte çırpın. Limon suyunu ekleyin ve kabuğunu soyun. Soğumaya bırakın ve buzdolabına götürün.

Buzlanmayı yapmak için, vanilya esansı ve hindistancevizi dışındaki tüm malzemeleri kaynar su dolu bir tencerenin üzerine yerleştirilmiş ısıya dayanıklı bir kapta karıştırın. Sertleşene kadar yaklaşık 5 dakika çırpın. Vanilya esansını ekleyin ve 2 dakika daha çırpın.

Pastayı birleştirmek için, taban katmanını limon dolgusunun yarısı ile yayın ve 25 g / 1 oz / ¼ fincan hindistan cevizi serpin. İkinci katmanla tekrarlayın. Pastanın üstüne ve yanlarına kremayı yayın ve kalan hindistan cevizini serpin.

Amerikan Ayran Kek

23 cm / 9 kek yapar

100 gr / 4 ons / ½ fincan tereyağı veya margarin, yumuşatılmış

225 gr / 8 ons / 1 su bardağı pudra şekeri (çok ince)

2 yumurta, hafifçe çırpılmış

5 ml / 1 çay kaşığı rendelenmiş limon kabuğu

5 ml / 1 çay kaşığı vanilya özü (ekstraktı)

225 gr / 8 ons / 2 su bardağı kendiliğinden kabaran un (kendinden kabaran)

5 ml / 1 tatlı kaşığı kabartma tozu

5 ml / 1 çay kaşığı karbonat (kabartma tozu)

biraz tuz

250 ml / 8 fl oz / 1 su bardağı ayran

limon dolgusu

Tereyağı veya margarin ve şekeri hafif ve kabarık olana kadar çırpın. Yavaş yavaş yumurtaları çırpın, ardından limon kabuğu ve vanilya esansını ekleyin. Un, kabartma tozu, kabartma tozu ve tuzu karıştırıp ayranla dönüşümlü olarak karışıma ekleyin. Pürüzsüz olana kadar iyice çırpın. Karışımı yağlanmış ve unlanmış 23 cm / 9 çapındaki iki kek kalıbına (pişirme tavaları) dökün ve önceden ısıtılmış fırında 180 °C / 350 °F / gaz işareti 4'te 25 dakika dokunana kadar pişirin. Soğutmayı bitirmek için bir tel rafa yerleştirmeden önce teneke kutularda 5 dakika soğutun. Soğuyunca limon dolgulu bir sandviç yapın.

Karayip Zencefilli Romlu Kek

20 cm / 8 kek yapar

50 gr / 2 ons / ¼ fincan tereyağı veya margarin

120 ml / 4 fl oz / ½ fincan siyah pekmez (pekmez)

1 yumurta, hafifçe çırpılmış

60 ml / 4 yemek kaşığı rom

100 g / 4 oz / 1 su bardağı kendiliğinden kabaran un (kendinden kabaran)

10 ml / 2 çay kaşığı toz zencefil

75 gr / 3 ons / 1/3 su bardağı yumuşak kahverengi şeker

25 gr / 1 oz şekerlenmiş (şekerlenmiş) zencefil, kıyılmış

Tereyağını veya margarini pekmezle birlikte kısık ateşte eritin ve biraz soğumaya bırakın. Yumuşak bir hamur yapmak için kalan malzemeleri birleştirin. Yağlanmış ve astarlanmış 20 cm / 8 halka şeklinde bir kalıba (fırın tepsisi) dökün ve önceden ısıtılmış 200 °C / 400 °F / gaz işareti 6 fırına iyice kabarana ve dokunulduğunda sertleşene kadar 20 dakika koyun.

Sachertorte

20 cm / 8 kek yapar

200g / 7oz / 1¾ bardak sade çikolata (yarı tatlı)

8 yumurta, ayrılmış

100 gr / 4 oz / ½ su bardağı tuzsuz (tatlı) tereyağı, eritilmiş

2 yumurta akı

biraz tuz

150 gr / 5 ons / 2/3 su bardağı pudra şekeri (çok ince)

Birkaç damla vanilya özü (özü)

100 gr / 4 ons / 1 su bardağı sade un (çok amaçlı)

Buzlanma için (buzlanma):

150 gr / 5 ons / 1¼ su bardağı sade çikolata (yarı tatlı)

250 ml / 8 fl oz / 1 su bardağı sade krema (hafif)

175 gr / 6 ons / ¾ fincan pudra şekeri (çok ince)

Birkaç damla vanilya özü (özü)

1 çırpılmış yumurta

100 gr / 4 ons / 1/3 su bardağı kayısı reçeli (konserve), elenmiş (süzülmüş)

Çikolatayı ısıya dayanıklı bir kapta, kaynar su dolu bir tencerenin üzerinde eritin. ateşten çıkarın. Yumurta sarılarını tereyağ ile hafifçe çırpın ve eritilmiş çikolatayı ekleyin. Tüm yumurta aklarını ve tuzu köpürene kadar çırpın, ardından yavaş yavaş şeker ve vanilya özü ekleyin ve sert zirveler oluşana kadar dövmeye devam edin. Yavaş yavaş çikolata karışımına ekleyin, ardından unu ekleyin. Karışımı yağlanmış ve astarlanmış 20 cm / 8'lik iki kek kalıbına (pişirme tavaları) dökün ve önceden ısıtılmış fırında 180 °C / 350 °F / gaz işareti 4'te ortasına batırdığınız kürdan temiz çıkana kadar 45 dakika pişirin. Bir tel rafa çevirin ve soğumaya bırakın.

Krema için çikolatayı krema, şeker ve vanilya özü ile orta ateşte iyice karışana kadar eritin, ardından 5 dakika karıştırmadan pişirin. Çikolatalı karışımdan bir kaç kaşık yumurta ile karıştırıp çikolataya ekleyin ve sürekli karıştırarak 1 dakika pişirin. Ateşten alın ve oda sıcaklığına soğumaya bırakın.

Kekleri kayısı reçeli ile birlikte sandviç yapın. Tüm pastayı çikolatalı krema ile kaplayın, yüzeyi bir spatula veya spatula ile düzeltin. Buzlanma ayarlanana kadar birkaç saat soğumaya bırakın ve soğutun.

Karayip Romlu Kek

20 cm / 8 kek yapar

450 gr / 1 lb / 22/3 su bardağı karışık kuru meyve (meyveli kek karışımı)

225g / 8oz / 11/3 su bardağı kuru üzüm (altın kuru üzüm)

100 gr / 4 ons / 2/3 su bardağı kuru üzüm

100 gr / 4 ons / 2/3 su bardağı kuş üzümü

50 g / 2 oz / ¼ fincan sırlı kiraz (şekerlenmiş)

300 ml / ½ puan / 1¼ bardak kırmızı şarap

225g / 8oz / 1 fincan tereyağı veya margarin, yumuşatılmış

225 gr / 8 ons / 1 su bardağı yumuşak kahverengi şeker

5 yumurta, hafifçe çırpılmış

10 ml / 2 çay kaşığı siyah pekmez (pekmez)

225 gr / 8 ons / 2 su bardağı sade un (çok amaçlı)

50 gr / 2 ons / ½ fincan öğütülmüş badem

5 ml / 1 çay kaşığı toz tarçın

5 ml / 1 çay kaşığı rendelenmiş hindistan cevizi

5 ml / 1 çay kaşığı vanilya özü (ekstraktı)

300 ml / ½ puan / 1¼ su bardağı rom

Bir tavaya tüm meyveleri ve şarabı koyun ve kaynatın. Isıyı en aza indirin, örtün ve 15 dakika bekletin, ardından ocaktan alın ve soğutun. Tereyağı veya margarin ve şekeri hafif ve kabarık olana kadar çırpın ve yavaş yavaş yumurta ve pekmezi ekleyin. Kuru malzemeleri birleştirin. Meyve karışımı, vanilya esansı ve 45 ml / 3 yemek kaşığı romu karıştırın. Yağlanmış ve bir kaşıkla astarlanmış 20 cm / 8 inçlik bir kalıba dökün ve önceden ısıtılmış fırında 160 °C / 325 °F / gaz işareti 3'te iyice kabarana ve ortasına batırılan bir şiş temiz çıkana kadar 3 saat boyunca yerleştirin . Tavada 10 dakika soğutun, ardından soğutmayı bitirmek için bir tel ızgara üzerine yerleştirin. Pastanın üstünü ince bir şişle delin ve kalan romla kaplayın. Alüminyum folyoya sarın ve mümkün olduğu kadar uzun süre olgunlaşmasını sağlayın.

Danimarka Tereyağlı Kek

23 cm / 9 kek yapar

225g / 8oz / 1 fincan tereyağı veya margarin, doğranmış

175 gr / 6 ons / 1½ fincan sade un (çok amaçlı)

40 gr / 1½ oz yaş maya veya 60 ml / 4 yemek kaşığı kuru maya

15 ml / 1 yemek kaşığı toz şeker

1 çırpılmış yumurta

½ miktar krema dolgusu

60ml / 4 yemek kaşığı pudra şekeri, elenmiş

45 ml / 3 yemek kaşığı kuş üzümü

Unun içine 100g / 4oz / ½ fincan tereyağı veya margarin serpin. Maya ve toz şekeri çırpın, un ve tereyağını yumurta ile birlikte ekleyip pürüzsüz bir hamur elde edinceye kadar çırpın. Üzerini örtün ve iki katına çıkana kadar yaklaşık 1 saat ılık bir yerde bırakın.

Unlu bir yüzeye aktarın ve iyice yoğurun. Hamurun üçte birini açın ve yağlanmış 23 cm / 9 geniş tabanlı bir kek kalıbının (fırın tepsisi) tabanına yayın. Krema dolgusunu hamurun üzerine yayın.

Kalan hamuru yaklaşık 5 mm / ¼ kalınlığında bir dikdörtgen şeklinde açın. Kalan tereyağı veya margarini pudra şekeri ile çırpın ve kuş üzümü ile karıştırın. Kenarlarda boşluk bırakarak hamurun üzerine yayın ve hamurun kısa kenarını yuvarlayın. Dilimler halinde kesin ve krema dolgusunun üzerine yerleştirin. Üzerini örtüp ılık bir yerde yaklaşık 1 saat mayalanmaya bırakın. Önceden ısıtılmış 230°C/450°F/gazlı fırında, işaret 8'de 25–30 dakika iyice kabarana ve üzeri altın rengi olana kadar pişirin.

Danimarka Kakuleli Kek

900 gr / 2 lb kek yapar

225g / 8oz / 1 fincan tereyağı veya margarin, yumuşatılmış

225 gr / 8 ons / 1 su bardağı pudra şekeri (çok ince)

3 yumurta

350 gr / 12 ons / 3 su bardağı sade un (çok amaçlı)

10 ml / 2 çay kaşığı kabartma tozu

10 kakule tohumu, öğütülmüş

150 ml / ¼ puan / 2/3 su bardağı süt

45 ml / 3 yemek kaşığı kuru üzüm

45 ml / 3 yemek kaşığı kıyılmış karışık kabuk (şekerlenmiş)

Tereyağı veya margarin ve şekeri hafif ve kabarık olana kadar çırpın. Her eklemeden sonra iyice çırparak yumurtaları yavaş yavaş ekleyin. Un, kabartma tozu ve kakuleyi birleştirin. Yavaş yavaş süt, kuru üzüm ve karışık kabukluları ekleyin. Yağlanmış ve astarlanmış 900g / 2lb somun tepsisine (fırın tepsisi) aktarın ve önceden ısıtılmış fırında 190°C / 375°F / gaz işareti 5'te ortasına batırdığınız kürdan temiz çıkana kadar 50 dakika pişirin.

Gateau Pithiviers

25 cm pasta yapar / 10

100 gr / 4 ons / ½ fincan tereyağı veya margarin, yumuşatılmış

100 gr / 4 oz / ½ su bardağı pudra şekeri (çok ince)

1 yumurta

1 yumurta sarısı

100 gr / 4 ons / 1 su bardağı öğütülmüş badem

30 ml / 2 yemek kaşığı rom

Puf böreği 400 gr

Glazür için:

1 çırpılmış yumurta

30 ml / 2 yemek kaşığı pudra şekeri

Tereyağı veya margarin ve şekeri hafif ve kabarık olana kadar çırpın. Yumurtayı ve sarısını ekleyin, bademleri ve romu ekleyin. Hamurun yarısını (macun) hafifçe unlanmış bir yüzeyde açın ve 23 cm / 9 cm'lik bir daire şeklinde kesin, nemli bir fırın tepsisine yerleştirin ve dolguyu hamurun üzerine 1 cm / ½ inç olacak şekilde yayın. Kenardan. Kalan hamurdan merdane ile 25 cm çapında yuvarlak kesin. Bu dairenin kenarından 1 cm çapında halka kesin. Hamur tabanının kenarını suyla fırçalayın ve halkayı kenarın etrafına bastırın ve oturması için hafifçe itin. Suyla fırçalayın ve kenarları kapatarak üstteki ikinci daireye bastırın. Kenarları kapatın ve kıvırın. Üstüne çırpılmış yumurta sürün ve bir bıçağın ağzıyla üstte radyal kesikler yapın. 220°C / 425°F / gaz işareti 7'de önceden ısıtılmış fırında 30 dakika kabarana ve altın rengi olana kadar pişirin. Üzerine pudra şekerini eleyin ve üzeri kızarana kadar 5 dakika daha pişirin. Sıcak veya soğuk servis yapın.

Galette Des Rois

18 cm / 7 kek yapar

250g / 9oz / 2¼ su bardağı sade un (çok amaçlı)

5 ml / 1 çay kaşığı tuz

200 gr / 7 ons / yetersiz 1 su bardağı tuzsuz tereyağı (tatlı), doğranmış

175 ml / 6 fl oz / ¾ su bardağı

1 yumurta

1 yumurta akı

Un ve tuzu bir kaba alıp ortasını açın. 75 gr / 3 oz / 1/3 su bardağı tereyağı, su ve bütün yumurtayı ekleyin ve pürüzsüz bir hamur elde edene kadar karıştırın. Üzerini örtüp 30 dakika dinlendirin.

Hamuru hafifçe unlanmış bir yüzeyde uzun bir dikdörtgen şeklinde açın. Hamurun üçte ikisini kalan tereyağının üçte biri ile serpin. Açtığınız hamuru tereyağının üzerine katlayın, ardından hamurun geri kalanını üstüne katlayın. Kenarlarını kapatın ve 10 dakika buzdolabında bekletin. Hamuru tekrar açın ve kalan yağın yarısı ile tekrarlayın. Soğutun, açın ve kalan tereyağını ekleyin, ardından son 10 dakika buzdolabında saklayın.

Hamuru yaklaşık 18 cm / 7 çapında 2,5 cm / 1 kalınlığında bir daire şeklinde açın. Yağlı kağıt serili fırın tepsisine dizip üzerine yumurta sarısı sürüp 15 dakika bekletin. Önceden ısıtılmış fırında 180°C/350°F/gaz işareti 4'te 15 dakika iyice kabarana ve altın rengi olana kadar pişirin.

karamel kreması

15 cm pasta yapar / 6

karamel için:

100 gr / 4 oz / ½ su bardağı pudra şekeri (çok ince)

150 ml / ¼ puan / 2/3 su bardağı su

krema için:

600 ml / 1 pk / 2½ su bardağı süt

4 yumurta, hafifçe çırpılmış

15 ml / 1 yemek kaşığı pudra şekeri (çok ince)

1 portakal

Karamel için şeker ve suyu küçük bir sos tenceresine alın ve kısık ateşte eritin. Bir kaynamaya getirin, ardından şurup koyu bir altın rengi kahverengiye dönene kadar karıştırmadan yaklaşık 10 dakika kaynatın. 15 cm / 6 cm'lik bir sufle kalıbına dökün ve karamelin tabandan aşağı akması için tabağı eğin.

Kremayı yapmak için sütü ısıtın, yumurtaları ve şekeri üzerine dökün ve iyice çırpın. Çanak içine dökün. Tepsiyi, kenarlarının yarısına kadar sıcak suyla doldurulmuş bir fırın tepsisine (kızartma tavası) yerleştirin. Önceden ısıtılmış fırında 325°F/170°C/gaz işareti 3'te sertleşene kadar 1 saat pişirin. Servis tabağına aktarmadan önce soğumaya bırakın. Portakalı soyun ve yatay olarak dilimleyin, ardından her dilimi ikiye bölün. Süslemek için karamelin etrafına dizin.

Gugelhopf

20 cm / 8 kek yapar

25 gr / 1 oz yaş maya veya 40 ml / 2½ yemek kaşığı kuru maya

120 ml / 4 fl oz / ½ fincan ılık süt

100 gr / 4 ons / 2/3 su bardağı kuru üzüm

15 ml / 1 yemek kaşığı rom

450 gr / 1 lb / 4 su bardağı sade güçlü un (ekmek)

5 ml / 1 çay kaşığı tuz

Bir tutam rendelenmiş hindistan cevizi

100 gr / 4 oz / ½ su bardağı pudra şekeri (çok ince)

1 limonun rendelenmiş kabuğu

175 gr / 6 ons / ¾ fincan tereyağı veya margarin, yumuşatılmış

3 yumurta

100 gr / 4 ons / 1 su bardağı beyazlatılmış badem

üzerine serpmek için pudra şekeri

Mayayı biraz ılık sütle çırpın ve ılık bir yerde köpük oluşana kadar 20 dakika bekletin. Kuru üzümleri bir kaseye koyun, üzerine rom serpin ve ıslanmasına izin verin. Bir kaseye un, tuz ve hindistancevizi koyun ve şekeri ve limon kabuğunu ekleyin. Ortasını açın, maya karışımını, kalan sütü, tereyağı veya margarini ve yumurtaları dökün ve bir hamur yapmak için birlikte çalışın. Yağlanmış bir kaseye koyun, üzerini yağlı streç filmle (plastik sargı) örtün ve iki katına çıkana kadar 1 saat ılık bir yerde bırakın. 20 cm / 8 gugelhopf kalıbını (yivli boru kalıbı) cömertçe yağlayın ve bademleri tabanın çevresine yerleştirin. Mayalanan hamura kuru üzüm ve romu ekleyip güzelce karıştırın. Karışımı kalıba dökün, üzerini kapatın ve 40 dakika ılık bir yerde bekletin, hamur hacmi neredeyse iki katına çıkana ve kalıbın tepesine ulaşana kadar. Önceden ısıtılmış 200°C/400°F/gaz işareti 6 fırında 45 dakika ortasına batırdığınız kürdan temiz çıkana kadar pişirin. Pişirmenin sonunda, kek çok fazla kızarırsa, çift kat parşömen (mumlu) kağıtla kaplayın. Kalıptan çıkarın ve soğumaya bırakın, ardından pudra şekeri serpin.

Lüks Çikolata Gugelhopf

20 cm / 8 kek yapar

25 gr / 1 oz yaş maya veya 40 ml / 2½ yemek kaşığı kuru maya

120 ml / 4 fl oz / ½ fincan ılık süt

50 gr / 2 ons / 1/3 su bardağı kuru üzüm

50 gr / 2 ons / 1/3 su bardağı kuş üzümü

25 gr / 1 ons / 3 yemek kaşığı kıyılmış karışık kabuk (şekerlenmiş)

15 ml / 1 yemek kaşığı rom

450 gr / 1 lb / 4 su bardağı sade güçlü un (ekmek)

5 ml / 1 çay kaşığı tuz

5 ml / 1 çay kaşığı öğütülmüş yenibahar

Bir tutam toz zencefil

100 gr / 4 oz / ½ su bardağı pudra şekeri (çok ince)

1 limonun rendelenmiş kabuğu

175 gr / 6 ons / ¾ fincan tereyağı veya margarin, yumuşatılmış

3 yumurta

Çatıya:

60 ml / 4 yemek kaşığı kayısı reçeli (konserve), elenmiş (süzülmüş)

30 ml / 2 yemek kaşığı su

100 gr / 4 ons / 1 su bardağı sade çikolata (yarı tatlı)

50 gr / 2 ons / ½ su bardağı file badem (dövülmüş), kavrulmuş

Mayayı biraz ılık sütle çırpın ve ılık bir yerde köpük oluşana kadar 20 dakika bekletin. Kuru üzümleri, kuru üzümleri ve karışık kabukları bir kaseye koyun, üzerine rom serpin ve ıslatın. Un, tuz ve baharatları bir kaba alıp üzerine şeker ve limon kabuğunu ekleyin. Ortasını açın, maya karışımını, kalan sütü ve yumurtaları dökün ve birlikte hamur yapmak için çalışın. Yağlanmış bir kaseye koyun, üzerini yağlı streç filmle (plastik sargı) örtün ve iki katına çıkana kadar 1 saat ılık bir yerde bırakın. Mayalanan hamura meyve ve romu yoğurun ve iyice karıştırın. Hamuru iyice yağlanmış 20 cm / 8 gugelhopf kalıba aktarın, üzerini kapatın ve hamur hacmi neredeyse iki katına çıkana ve kalıbın tepesine ulaşana kadar 40 dakika ılık bir yerde bırakın. Önceden ısıtılmış 200°C/400°F/gaz işareti 6 fırında 45 dakika ortasına batırdığınız kürdan temiz çıkana kadar pişirin. Pişirmenin sonunda, kek çok kahverengi oluyorsa, çift kat parşömen (mumlu) kağıtla kaplayın. Geliştirin ve soğumaya bırakın.

Reçeli suyla ısıtın, pürüzsüz olana kadar karıştırın. Pastanın üzerine fırçalayın. Çikolatayı ısıya dayanıklı bir kapta, kaynar su dolu bir tencerenin üzerinde eritin. Kekin üzerine yayın ve çikolata donmadan tabanına file bademleri yayın.

çalıntı

Üç adet 350g / 12oz kek yapar

15 gr / ½ oz yaş maya veya 20 ml / 4 çay kaşığı kuru maya

15 ml / 1 yemek kaşığı pudra şekeri (çok ince)

120 ml / 4 fl oz / ½ fincan sıcak su

25 gr / 1 ons / ¼ fincan sade güçlü un (ekmek)

Meyveli hamur için:

450 gr / 1 lb / 4 su bardağı sade güçlü un (ekmek)

5 ml / 1 çay kaşığı tuz

75 gr / 3 ons / 1/3 su bardağı demerara şekeri

1 yumurta, hafifçe çırpılmış

225 gr / 8 ons / 11/3 su bardağı kuru üzüm

30 ml / 2 yemek kaşığı rom

50 gr / 2 oz / 1/3 su bardağı kıyılmış karışık ağaç kabuğu (şekerlenmiş)

50 gr / 2 ons / ½ fincan öğütülmüş badem

5 ml / 1 çay kaşığı toz tarçın

100 gr / 4 oz / ½ su bardağı eritilmiş tereyağı veya margarin

175 gr / 6 oz Badem Ezmesi

Glazür için:

1 yumurta, hafifçe çırpılmış

75 gr / 3 ons / 1/3 su bardağı pudra şekeri (çok ince)

90 ml / 6 yemek kaşığı su

50 gr / 2 oz / ½ fincan file badem (dövülmüş)

üzerine serpmek için pudra şekeri

Maya karışımını yapmak için, maya ve şekeri ılık su ve un ile hamur haline getirin. Köpük oluşana kadar 20 dakika ılık bir yerde bırakın.

Meyve hamurunu yapmak için un ve tuzu bir kaba alıp üzerine şekeri ekleyin ve ortasını açın. Yumurtayı maya karışımına ekleyin ve pürüzsüz bir hamur elde edene kadar karıştırın. Kuru üzüm, rom, karışık kabuklar, öğütülmüş badem ve tarçını ekleyip pürüzsüz olana kadar yoğurun. Yağlanmış bir kaseye koyun, üzerini yağlı plastik örtüyle (plastik sargı) örtün ve 30 dakika ılık bir yerde bırakın.

Hamuru üçe bölün ve yaklaşık 1 cm / ½ kalınlığında dikdörtgenler halinde yuvarlayın. Üzerine tereyağı sürün. Badem ezmesini üçe bölün ve sosis şekline getirin. Her dikdörtgenin ortasına bir tane yerleştirin ve hamuru üste katlayın. Altta kalacak şekilde çevirin ve yağlanmış (bisküvi) bir fırın tepsisine yerleştirin. Üzerine yumurta sürün, üzerini yağlı streç filmle (plastik sargı) örtün ve iki katına çıkana kadar 40 dakika ılık bir yerde bırakın.

Önceden ısıtılmış fırında 220°C/425°F/gaz işareti 7'de 30 dakika kızarana kadar pişirin.

Bu sırada şekeri su ile koyu bir şurup elde edene kadar 3 dakika kaynatın. Her bir stolen'in üstünü şurupla fırçalayın ve kuşbaşı badem ve pudra şekeri serpin.

Badem Stollen

İki adet 450 g / 1 lb somun yapar

15 gr / ½ oz yaş maya veya 20 ml / 4 çay kaşığı kuru maya

50 g / 2 oz / ¼ fincan pudra şekeri (çok ince)

300 ml / ½ pt / 1¼ su bardağı ılık süt

1 yumurta

1 limonun rendelenmiş kabuğu

Bir tutam rendelenmiş hindistan cevizi

450 gr / 1 lb / 4 su bardağı sade un (çok amaçlı)

biraz tuz

100 gr / 4 oz / 2/3 su bardağı kıyılmış karışık kabuk (şekerlenmiş)

175 gr / 6 ons / 1½ fincan badem, doğranmış

50 gr / 2 ons / ¼ fincan eritilmiş tereyağı veya margarin

75 gr / 3 ons / ½ su bardağı pudra şekeri (şekerlemecilerinki için), elenmiş, üzerine serpmek için

Mayayı 5 ml / 1 çay kaşığı şeker ve biraz ılık süt ile çırpın ve ılık bir yerde 20 dakika köpürene kadar bekletin. Yumurtayı kalan şeker, limon kabuğu rendesi ve hindistan cevizi ile çırpın, ardından un, tuz ve kalan ılık süt ile maya karışımını ekleyin ve yumuşak bir hamur elde edinceye kadar çırpın. Yağlanmış bir kaseye koyun, üzerini yağlı plastik örtüyle (plastik sargı) örtün ve 30 dakika ılık bir yerde bırakın.

Kabuk ve bademleri yoğurun, üzerini tekrar kapatın ve iki katına çıkana kadar 30 dakika ılık bir yerde bekletin.

Hamuru yarıya böl. Yarısını 30 cm / 12 sosis kalıbına yuvarlayın, rulonun ortasına bastırarak batırın, ardından bir kenarını uzunlamasına katlayın ve hafifçe bastırın. Diğer yarısı ile tekrarlayın. Her ikisini de yağlanmış ve astarlanmış bir çerez kağıdına (bisküvi) yerleştirin, yağlı plastik sargıyla (plastik sargı) örtün ve iki katına çıkana kadar 25 dakika ılık bir yerde bırakın. Önceden ısıtılmış fırında 200°C/400°F/gaz işareti 6'da 1 saat altın rengi kahverengi olana ve ortasına batırdığınız kürdan temiz çıkana kadar pişirin. Sıcak çörekler cömertçe eritilmiş tereyağı ile fırçalayın ve pudra şekeri serpin.

Antep fıstığı Stollen

İki adet 450 g / 1 lb somun yapar

15 gr / ½ oz yaş maya veya 20 ml / 4 çay kaşığı kuru maya

50 g / 2 oz / ¼ fincan pudra şekeri (çok ince)

300 ml / ½ pt / 1¼ su bardağı ılık süt

1 yumurta

1 limonun rendelenmiş kabuğu

Bir tutam rendelenmiş hindistan cevizi

450 gr / 1 lb / 4 su bardağı sade un (çok amaçlı)

biraz tuz

100 gr / 4 oz / 2/3 su bardağı kıyılmış karışık kabuk (şekerlenmiş)

100 gr / 4 ons / 1 su bardağı kıyılmış antep fıstığı

100 gr / 4 ons badem ezmesi

15 ml / 1 yemek kaşığı maraschino likörü

50 gr / 2 ons / 1/3 su bardağı pudra şekeri, elenmiş

Çatıya:

50 gr / 2 ons / ¼ fincan eritilmiş tereyağı veya margarin

75 gr / 3 ons / ½ su bardağı pudra şekeri (şekerlemecilerinki için), elenmiş, üzerine serpmek için

Mayayı 5 ml / 1 çay kaşığı şeker ve biraz ılık süt ile çırpın ve ılık bir yerde 20 dakika köpürene kadar bekletin. Yumurtayı kalan şeker, limon kabuğu rendesi ve hindistan cevizi ile çırpın, ardından un, tuz ve kalan ılık süt ile maya karışımını ekleyin ve yumuşak bir hamur elde edinceye kadar çırpın. Yağlanmış bir kaseye koyun, üzerini yağlı plastik örtüyle (plastik sargı) örtün ve 30 dakika ılık bir yerde bırakın.

Kabuk ve fıstık karışımını ezin, tekrar örtün ve iki katına çıkana kadar 30 dakika ılık bir yerde bırakın. Badem ezmesi, likör ve pudra şekerini hamur haline getirin, 1 cm / ½ kalınlığında açın ve küpler halinde kesin. Hamuru, küpler bütün olacak şekilde toplayın.

Hamuru yarıya böl. Yarısını 30 cm / 12 sosis kalıbına yuvarlayın, rulonun ortasına bastırarak batırın, ardından bir kenarını uzunlamasına katlayın ve hafifçe bastırın. İkinci yarı ile tekrarlayın. Her ikisini de yağlanmış ve astarlanmış bir çerez kağıdına (bisküvi) yerleştirin, yağlı plastik sargıyla (plastik sargı) örtün ve iki katına çıkana kadar 25 dakika ılık bir yerde bırakın. Önceden ısıtılmış fırında 200°C/400°F/gaz işareti 6'da altın rengi kahverengi olana ve ortasına batırdığınız kürdan temiz çıkana kadar 1 saat pişirin. Sıcak çörekler cömertçe eritilmiş tereyağı ile fırçalayın ve pudra şekeri serpin.

baklava

24 yıl önce

450 gr / 1 lb / 2 su bardağı pudra şekeri (çok ince)

300 ml / ½ puan / 1¼ su bardağı su

5 ml / 1 çay kaşığı limon suyu

30 ml / 2 yemek kaşığı gül suyu

350 gr / 12 oz / 1½ su bardağı tuzsuz (tatlı) tereyağı, eritilmiş

450 gr / 1 lb yufka (macun)

675 gr / 1½ lb / 6 su bardağı badem, ince kıyılmış

Şerbeti yapmak için şekeri suda ara sıra karıştırarak kısık ateşte eritin. Limon suyu ekleyin ve kaynatın. Şurup kıvamına gelene kadar 10 dakika kaynatın, ardından gül suyunu ekleyin ve soğumaya bırakın, ardından buzdolabına koyun.

Büyük bir fırın tepsisini eritilmiş tereyağı ile fırçalayın. Yufkaların yarısını kalıba dizin, her birini yağlayın. Dolguyu tutmak için kenarları katlayın. Üzerine bademleri serpin. Kalan hamuru yaymaya devam edin, her bir tabakayı eritilmiş tereyağı ile fırçalayın. Yüzeyi cömertçe tereyağı ile fırçalayın. Hamuru yaklaşık 5 cm / 2 cm genişliğinde pastiller halinde kesin. Önceden ısıtılmış fırında 180°C/350°F/gaz işareti 4'te 25 dakika çıtır çıtır ve altın rengi oluncaya kadar pişirin. Üzerine soğuk şerbeti dökün ve soğumaya bırakın.

Macar stres girdapları

16 yıl önce

25 gr / 1 oz yaş maya veya 40 ml / 2½ yemek kaşığı kuru maya

15 ml / 1 yemek kaşığı yumuşak esmer şeker

300 ml / ½ pt / 1¼ su bardağı ılık su

15 ml / 1 yemek kaşığı tereyağı veya margarin

450 gr / 1 lb / 4 su bardağı tam buğday unu (tam buğday)

15 ml / 1 yemek kaşığı süt tozu (yağsız süt tozu)

5 ml / 1 çay kaşığı öğütülmüş baharatlar (elmalı turta)

2,5 ml / ½ çay kaşığı tuz

1 yumurta

175 gr / 6 ons / 1 su bardağı kuş üzümü

100 gr / 4 ons / 2/3 su bardağı kuru üzüm (altın kuru üzüm)

50 gr / 2 ons / 1/3 su bardağı kuru üzüm

50 gr / 2 oz / 1/3 su bardağı kıyılmış karışık ağaç kabuğu (şekerlenmiş)

Çatıya:

75g / 3oz / ¾ bardak tam buğday unu (tam buğday)

50 gr / 2 ons / ¼ fincan eritilmiş tereyağı veya margarin

75 gr / 3 ons / 1/3 su bardağı yumuşak kahverengi şeker

25 gr / 1 ons / ¼ fincan susam

Dolgu için:

50 gr / 2 ons / ¼ fincan yumuşak kahverengi şeker

50 gr / 2 oz / ¼ fincan tereyağı veya margarin, yumuşatılmış

50 gr / 2 ons / ½ fincan öğütülmüş badem

2,5 ml / ½ çay kaşığı rendelenmiş hindistan cevizi

25 gr / 2 ons / 1/3 su bardağı kuru erik (çekirdekleri çıkarılmış) doğranmış

1 çırpılmış yumurta

Maya ve şekeri biraz ılık suyla karıştırıp ılık bir yerde 10 dakika köpürene kadar bekletin. Tereyağını veya margarini una bulayın, süt tozunu ekleyin, baharatları ve tuzu karıştırın ve ortasını çukurlaştırın. Yumurta, maya karışımı ve kalan ılık suyu ekleyip hamur kıvamına gelene kadar karıştırın. Pürüzsüz ve elastik olana kadar yoğurun. Kuru üzümleri, kuru üzümleri, kuru üzümleri ve karışık kabukları ezin. Yağlanmış bir kaseye koyun, üzerini yağlı plastik örtüyle (plastik sargı) örtün ve 1 saat ılık bir yerde bırakın.

Üst malzemelerini ufalanana kadar karıştırın. Dolguyu yapmak için tereyağı veya margarini şekerle çırpın ve badem ve hindistan cevizi ekleyin. Hamuru yaklaşık 1/2 cm kalınlığında büyük bir dikdörtgen şeklinde açın. Dolgu ile yayın ve kuru erik serpin. Bir İsviçre rulosu (Jello) gibi sarın, kenarlarını mühürlemek için yumurta ile fırçalayın. 1/2-inç dilimler halinde kesin ve yağlanmış, sığ bir fırın tepsisine (fırın tavası) yerleştirin. Yumurta ile fırçalayın ve tepesi karışımı ile serpin. Üzerini örtüp ılık bir yerde 30 dakika mayalanmaya bırakın. Önceden ısıtılmış fırında 220°C/425°F/gaz işareti 7'de 30 dakika pişirin.

Panforte

23 cm / 9 kek yapar

175 gr / 6 ons / ¾ su bardağı toz şeker

175 gr / 6 ons / ½ su bardağı saf bal

100 gr / 4 ons / 2/3 su bardağı doğranmış kuru incir

100 gr / 4 oz / 2/3 su bardağı kıyılmış karışık kabuk (şekerlenmiş)

50 gr / 2 ons / ¼ fincan sırlı (şekerlenmiş) kiraz, doğranmış

50 gr / 2 ons / ¼ fincan sırlı (şekerlenmiş) ananas, doğranmış

175 gr / 6 ons / 1½ fincan beyazlatılmış badem, iri kıyılmış

100 gr / 4 ons / 1 su bardağı ceviz, iri kıyılmış

100 gr / 4 ons / 1 su bardağı fındık, iri kıyılmış

50 gr / 2 ons / ½ fincan sade un (çok amaçlı)

25 gr / 1 ons / ¼ fincan kakao (şekersiz çikolata) tozu

5 ml / 1 çay kaşığı toz tarçın

Bir tutam rendelenmiş hindistan cevizi

15 ml / 1 yemek kaşığı pudra şekeri (elenmiş)

Toz şekeri bal ile bir sos tenceresinde eritin ve kısık ateşe alın. Kaynatın ve koyu bir şurup elde edene kadar 2 dakika kaynatın. Meyveleri ve kuruyemişleri karıştırın ve un, kakao ve baharatları ekleyin. Şurubu ekleyin. Karışımı, pirinç kağıdı ile kaplanmış, yağlanmış 23 cm / 9 inçlik bir sandviç kalıbına dökün. Önceden ısıtılmış fırında 180°C/350°F/gaz işareti 4'te 45 dakika pişirin. Tepside 15 dakika soğutun, ardından soğuması için tel ızgaranın üzerine alın. Servis yapmadan önce pudra şekeri serpin.

Makarna Kurdele Kek

23 cm / 9 kek yapar

300g / 11oz / 2¾ su bardağı sade un (çok amaçlı)

50 gr / 2 ons / ¼ fincan eritilmiş tereyağı veya margarin

3 çırpılmış yumurta

biraz tuz

225g / 8oz / 2 bardak badem, doğranmış

200 g / 7 oz / yetersiz 1 su bardağı pudra şekeri (çok ince)

1 limonun rendelenmiş kabuğu ve suyu

90ml / 6 yemek kaşığı kirsch

Unu bir kaba alıp ortasını açın. Tereyağı, yumurta ve tuzu ekleyip yumuşak bir hamur elde edene kadar çırpın. İyice açın ve ince şeritler halinde kesin. Badem, şeker ve limon kabuğu rendesini karıştırın. 23 cm / 9 inçlik bir kek kalıbını (fırın tepsisi) yağlayın ve üzerine un serpin. Kalıbın dibine bir kat hamur şeritleri yerleştirin, biraz badem karışımı serpin ve biraz kirsch ile gezdirin. Yayılmaya devam edin ve bir kat erişte ile bitirin. Parşömen kağıdı (mumlu) ile kaplayın ve 180°C/350°F/gaz işareti 4'te 1 saat pişirin. Dikkatlice kalıptan çıkarın ve sıcak veya soğuk servis yapın.

Grand Marnier ile İtalyan Pirinç Keki

20 cm / 8 kek yapar

1,5 litre / 2½ puan / 6 su bardağı süt

biraz tuz

350 gr / 12 ons / 1½ su bardağı arborio pirinci veya diğer orta taneli pirinç

1 limonun rendelenmiş kabuğu

60 ml / 4 yemek kaşığı pudra şekeri (çok ince)

3 yumurta

25 gr / 1 ons / 2 yemek kaşığı tereyağı veya margarin

1 yumurta sarısı

30 ml / 2 yemek kaşığı kıyılmış karışık kabuk (şekerlenmiş)

225 gr / 8 ons / 2 su bardağı şeritli badem (pul pul), kızarmış

45 ml / 3 yemek kaşığı Grand Marnier

30ml / 2 yemek kaşığı kuru galeta unu

Süt ve tuzu kalın bir tencerede kaynatın, pirinci ve limon kabuğunu ekleyin, kapağını kapatın ve ara sıra karıştırarak 18 dakika pişirin. Ateşten alın ve şeker, yumurta ve tereyağı veya margarini ekleyin ve soğumaya bırakın. Sarısı, karışık kabuğu, cevizleri ve Grand Marnier'i ilave edin. 20 cm / 8 inçlik bir kek kalıbını (fırın tepsisi) yağlayın ve ekmek kırıntıları serpin. Karışımı kalıba koyun ve önceden ısıtılmış fırında 150°C / 300°F / gaz işareti 2'de 45 dakika ortasına batırdığınız kürdan temiz çıkana kadar pişirin. Kalıpta soğumaya bırakın, kalıptan çıkarın ve sıcak servis yapın.

Sicilyalı pandispanya

23 x 9 cm / 7 x 3½ kek yapar

Madeira Kek 450 gr / 1 lb

Dolgu için:

450 gr / 1 lb / 2 su bardağı ricotta peyniri

50 g / 2 oz / ¼ fincan pudra şekeri (çok ince)

30 ml / 2 yemek kaşığı krema (ağır)

30 ml / 2 yemek kaşığı kıyılmış karışık kabuk (şekerlenmiş)

15 ml / 1 yemek kaşığı kıyılmış badem

30 ml / 2 yemek kaşığı portakal aromalı likör

50 gr / 2 ons / ½ fincan sade (yarı tatlı) çikolata, rendelenmiş

Buzlanma için (buzlanma):

350g / 12oz / 3 su bardağı sade çikolata (yarı tatlı)

175 ml / 6 fl oz / ¾ fincan koyu sade kahve

225 gr / 8 ons / 1 su bardağı tuzsuz tereyağı (tatlı) veya margarin

Keki uzunlamasına 1/2 cm'lik dilimler halinde kesin. Doldurmak için ricotta'yı bir elekten (elek) geçirin ve pürüzsüz olana kadar çırpın. Şeker, krema, karışık kabuklular, badem, likör ve çikolatayı ekleyin. Kek katmanlarını ve ricotta karışımını 450 g / 1 lb folyo astarlı bir ekmek tavasında (fırın tepsisinde) düzenleyin ve bir pasta katmanıyla bitirin. Folyoyu üstüne katlayın ve sertleşene kadar 3 saat buzdolabında saklayın.

Buzlanmayı yapmak için, çikolatayı ve kahveyi kaynar su dolu bir tencerenin üzerine yerleştirilmiş ısıya dayanıklı bir kapta eritin. Tereyağı veya margarini ekleyip homojen bir karışım elde edene kadar çırpmaya devam edin. Kalınlaşana kadar soğumaya bırakın.

Pastayı folyodan çıkarın ve bir tabağa koyun. Pastanın üstüne ve kenarlarına toz veya krema sürün ve istenirse bir çatalla desenler çizin. Sertleşene kadar soğutun.

İtalyan Ricotta Kek

25 cm pasta yapar / 10

Sosu için:

Ahududu 225g

250 ml / 8 fl oz / 1 bardak su

50 g / 2 oz / ¼ fincan pudra şekeri (çok ince)

30 ml / 2 yemek kaşığı mısır unu (mısır nişastası)

Dolgu için:

450 gr / 1 lb / 2 su bardağı ricotta peyniri

225 gr / 8 ons / 1 su bardağı krem peynir

75 gr / 3 ons / 1/3 su bardağı pudra şekeri (çok ince)

5 ml / 1 çay kaşığı vanilya özü (ekstraktı)

1 limonun rendelenmiş kabuğu

1 portakalın rendelenmiş kabuğu

Bir adet 25 cm / 10 melek maması keki

Sosu yapmak için, malzemeleri pürüzsüz olana kadar çırpın, ardından küçük bir tencereye dökün ve sos koyulaşıp kaynayana kadar orta ateşte karıştırarak koyun. İsterseniz tohumları süzün ve atın. Örtün ve soğutun.

Dolguyu yapmak için, tüm malzemeleri iyice karışana kadar çırpın.

Pastayı yatay olarak üç katmana kesin ve dolgunun üçte ikisiyle sandviç yapın, gerisini üstüne yayın. Üstüne dökülen sos ile servis yapana kadar örtün ve soğutun.

İtalyan Erişte Kek

23 cm / 9 kek yapar

225g / 8oz şehriye

4 ayrı yumurta

200 g / 7 oz / yetersiz 1 su bardağı pudra şekeri (çok ince)

225 gr ricotta peyniri

2,5 ml / ½ çay kaşığı toz tarçın

2,5 ml / ½ çay kaşığı öğütülmüş karanfil

biraz tuz

50 gr / 2 ons / ½ fincan sade un (çok amaçlı)

50 gr / 2 ons / 1/3 su bardağı kuru üzüm

45 ml / 3 yemek kaşığı saf bal

Servis için tek (hafif) veya çift (ağır) krema

Büyük bir tencerede suyu kaynatın, makarnayı ekleyin ve 2 dakika kaynatın. Süzün ve soğuk suda yıkayın. Hafif ve kabarık bir krema elde edene kadar sarıları şekerle çırpın. Ricotta, tarçın, karanfil ve tuzu ekleyip unu ekleyin. Kuru üzüm ve makarnayı karıştırın. Yumurta aklarını yumuşak tepeler oluşana kadar çırpın, ardından kek karışımına ekleyin. Yağlanmış ve astarlanmış bir kek kalıbına (fırın tepsisi) 23 cm / 9 dökün ve önceden ısıtılmış fırında 200°C / 400°F / gaz işareti 6'da altın rengi kahverengi olana kadar 1 saat pişirin. Balı hafifçe ısıtın ve sıcak kekin üzerine dökün. Krema ile sıcak servis yapın.

İtalyan Cevizli ve Mascarponelu Kek

23 cm / 9 kek yapar
Puf böreği 450 gr / 1 lb

175 gr / 6 ons / ¾ fincan Mascarpone peyniri

50 g / 2 oz / ¼ fincan pudra şekeri (çok ince)

30 ml / 2 yemek kaşığı kayısı reçeli (konserve)

3 yumurta sarısı

50 gr / 2 ons / ½ fincan ceviz, kıyılmış

100 gr / 4 oz / 2/3 su bardağı kıyılmış karışık kabuk (şekerlenmiş)

1 limonun ince rendelenmiş kabuğu

Üzerine serpmek için elenmiş pudra şekeri

Hamuru açın ve yarısını yağlanmış 23 cm / 9 bir turta kalıbına (fırın tepsisi) yerleştirmek için kullanın. Mascarpone'u şeker, reçel ve 2 yumurta sarısı ile çırpın. Cevizlerin 15 ml / 1 yemek kaşığı kadarını süslemek için ayırın ve kalanını limon kabuğu rendesi ve kabuğu ile karıştırın. Pasta formuna (turta) yerleştirin. Dolguyu kalan hamurla (macun) örtün, nemlendirin ve kenarlarını kapatın. Sarısının geri kalanını çırpın ve üzerine fırçalayın. Önceden ısıtılmış fırında 200°C/400°F/gaz işareti 6'da 35 dakika kabarana ve altın rengi olana kadar pişirin. Ayrılmış cevizleri serpin ve pudra şekeri serpin.

Hollandalı Elmalı Kek

8 kişilik

150 gr / 5 ons / 2/3 fincan tereyağı veya margarin

225 gr / 8 ons / 2 su bardağı sade un (çok amaçlı)

5 ml / 1 tatlı kaşığı kabartma tozu

2 ayrı yumurta

10 ml / 2 çay kaşığı limon suyu

900 g / 2 lb pişirme (turta) elma, soyulmuş, özlü ve dilimlenmiş

175 gr / 6 ons / 1 su bardağı yemeye hazır kuru kayısı, dörde bölünmüş

100 gr / 4 ons / 2/3 su bardağı kuru üzüm

30 ml / 2 yemek kaşığı su

5 ml / 1 çay kaşığı toz tarçın

50 gr / 2 ons / ½ fincan öğütülmüş badem

Tereyağı veya margarini un ve maya ile karışım galeta unu görünümü alana kadar yoğurun. Yumurta sarısını ve 5 ml / 1 çay kaşığı limon suyunu ekleyin ve pürüzsüz olana kadar karıştırın. Hamurun (hamurun) üçte ikisini açın ve yağlanmış 23 cm'lik bir kek kalıbını (kalıp) hizalayın.

Elma dilimlerini, kayısıları ve kuru üzümleri kalan limon suyu ve su ile bir tencereye koyun. 5 dakika hafifçe pişirin ve süzün. Meyveyi pasta kalıbına yerleştirin. Tarçınla çekilmiş bademleri karıştırın ve üzerine serpin. Hamurun geri kalanını açın ve kek için bir kapak yapın. Kenarını biraz su ile kapatın ve üstünü yumurta akı ile fırçalayın. Önceden ısıtılmış fırında 180°C/350°F/gaz işareti 4'te yaklaşık 45 dakika sert ve altın rengi olana kadar pişirin.

Norveç Sade Kek

25 cm pasta yapar / 10

225g / 8oz / 1 fincan tereyağı veya margarin, yumuşatılmış

275 gr / 10 ons / 1¼ su bardağı pudra şekeri (çok ince)

5 yumurta

175 gr / 6 ons / 1½ fincan sade un (çok amaçlı)

7,5 ml / 1½ çay kaşığı kabartma tozu

biraz tuz

5 ml / 1 çay kaşığı badem özü (ekstraktı)

Tereyağı veya margarin ve şekeri iyice karışana kadar çırpın. Her eklemeden sonra iyice çırparak yumurtaları yavaş yavaş ekleyin. Un, kabartma tozu, tuz ve badem özünü pürüzsüz olana kadar birleştirin. Yağlanmamış 25 cm / 10 cm kek kalıbına (fırın tepsisi) aktarın ve önceden ısıtılmış fırında 160 °C / 320 °F / gaz işareti 3'te 1 saat dokunana kadar pişirin. Soğutmayı bitirmek için bir tel rafa yerleştirmeden önce tavada 10 dakika soğutun.

Norveç Kransekakesi

25 cm pasta yapar / 10

450 gr / 1 lb / 4 su bardağı öğütülmüş badem

100 gr / 4 ons / 1 su bardağı öğütülmüş acı badem

450 gr / 1 lb / 22/3 su bardağı pudra şekeri

3 yumurta akı

Buzlanma için (buzlanma):
75g / 3oz / ½ fincan pudra şekeri (şekerlemeler)

½ yumurta akı

2,5 ml / ½ çay kaşığı limon suyu

Bir tencerede badem ve pudra şekerini karıştırın. Bir yumurta akı ekleyin ve karışımı ılık olana kadar kısık ateşte tutun. Ateşten alın ve kalan yumurta aklarını karıştırın. Karışımı 1 cm / ½ inç yivli uç takılmış bir sıkma torbasına dökün. Ve 25 cm / 10 inç boru Yağlanmış bir fırın tepsisine (bisküvi) çap olarak. Her biri 5 mm / ¼ inç olan spiraller halinde boru döşemeye devam edin. Bir daire içinde 5 cm / 2 olana kadar öncekinden daha küçük. Önceden ısıtılmış fırında 150°C/300°F/gaz işareti 2'de yaklaşık 15 dakika açık kahverengi olana kadar pişirin. Hala sıcakken kule yapmak için üst üste koyun.

Buzlanma malzemelerini karıştırın ve ince bir nozul ile kek üzerinde zikzak çizgiler çizin.

Portekiz Hindistan Cevizli Kek

12 yıl önce

4 ayrı yumurta

450 gr / 1 lb / 2 su bardağı pudra şekeri (çok ince)

450 gr / 1 lb / 4 su bardağı kurutulmuş hindistan cevizi (rendelenmiş)

100 gr / 4 ons / 1 su bardağı pirinç unu

50 ml / 2 fl oz / 3½ yemek kaşığı gül suyu

1,5 ml / ¼ çay kaşığı toz tarçın

1,5 ml / ¼ çay kaşığı öğütülmüş kakule

Bir tutam karanfil

Bir tutam rendelenmiş hindistan cevizi

25 gr / 1 oz / ¼ fincan file badem (dövülmüş)

Berrak bir krema elde edene kadar sarıları şekerle çırpın. Hindistan cevizini ekleyin ve unu ekleyin. Gül suyu ve baharatları ekleyin. Yumurta aklarını katılaşana kadar çırpın ve karışıma katın. Yağlanmış 25cm / 10cm kare bir kalıba dökün ve üzerine badem serpin. Önceden ısıtılmış 180°C/350°F/gaz işareti 4 fırında 50 dakika ortasına batırdığınız kürdan temiz çıkana kadar pişirin. Tavada 10 dakika soğumaya bırakın, ardından kareler halinde kesin.

İskandinav Tosca Kek

23 cm / 9 kek yapar

2 yumurta

150 gr / 5 ons / 2/3 fincan yumuşak kahverengi şeker

50 gr / 2 ons / ¼ fincan eritilmiş tereyağı veya margarin

10 ml / 2 çay kaşığı rendelenmiş portakal kabuğu

150 gr / 5 ons / 1¼ su bardağı sade un (çok amaçlı)

7,5 ml / 1½ çay kaşığı kabartma tozu

60 ml / 4 yemek kaşığı krema (ağır)

Çatıya:

50 gr / 2 ons / ¼ fincan tereyağı veya margarin

50 g / 2 oz / ¼ fincan pudra şekeri (çok ince)

100 gr / 4 ons / 1 su bardağı badem, doğranmış

15 ml / 1 yemek kaşığı krema (ağır)

30 ml / 2 yemek kaşığı sade un (çok amaçlı)

Hafif ve kabarık bir krema elde edene kadar yumurtaları şekerle çırpın. Tereyağı veya margarini ve portakal kabuğunu ekleyin, ardından un ve kabartma tozunu ekleyin. Kremayı ekleyin. Karışımı yağlanmış ve astarlanmış 23 cm / 9 cm'lik bir kek kalıbına (fırın tepsisi) dökün ve önceden ısıtılmış fırında 180 °C / 350 °C / gaz işareti 4'te 20 dakika pişirin.

Üzeri için, malzemeleri bir sos tenceresine alıp iyice karışana kadar karıştırarak ısıtın ve ardından kaynama noktasına getirin. Kekin üzerine dökün. Fırın sıcaklığını 200°C / 400°F / gaz işareti 6'ya yükseltin ve pastayı tekrar fırına vererek 15 dakika daha altın sarısı bir renk alana kadar pişirin.

Güney Afrika'dan Hertzog kurabiyeleri

12 yıl önce

75g / 3oz / ¾ fincan sade un (çok amaçlı)

15 ml / 1 yemek kaşığı pudra şekeri (çok ince)

5 ml / 1 tatlı kaşığı kabartma tozu

biraz tuz

40 gr / 1½ ons / 3 yemek kaşığı tereyağı veya margarin

1 büyük yumurta sarısı

5 ml / 1 çay kaşığı süt

Dolgu için:

30 ml / 2 yemek kaşığı kayısı reçeli (konserve)

1 büyük yumurta beyazı

100 gr / 4 oz / ½ su bardağı pudra şekeri (çok ince)

50 gr / 2 ons / ½ su bardağı kurutulmuş hindistan cevizi (rendelenmiş)

Un, şeker, maya ve tuzu karıştırın. Karışım galeta ununa benzeyene kadar tereyağı veya margarinle ovun. Yumuşak bir hamur elde etmek için yumurta sarısı ve yeterince süt ekleyin. İyice yoğurun. Hamuru hafifçe unlanmış bir yüzeyde açın, bir kurabiye kalıbı (bisküvi) ile daireler halinde kesin ve yağlanmış somun kalıplarını (hamburger tavaları) hizalamak için kullanın. Her birinin ortasına bir kaşık reçel koyun.

Dolguyu yapmak için yumurta aklarını sertleşene kadar çırpın, ardından şekeri katı ve parlak olana kadar ekleyin. Hindistan cevizini ekleyin. Dolguyu kalıplara (turta kabukları) dökün, sıkışmayı kapattığınızdan emin olun. Önceden ısıtılmış fırında 180°C/350°F/gaz işareti 4'te 20 dakika kızarana kadar pişirin. Soğutmayı bitirmek için bir tel rafa yerleştirmeden önce teneke kutularda 5 dakika soğutun.

Bask keki

25 cm pasta yapar / 10

Dolgu için:

50 g / 2 oz / ¼ fincan pudra şekeri (çok ince)

25 gr / 1 ons / ¼ fincan mısır unu (mısır nişastası)

2 yumurta sarısı

300 ml / ½ pt / 1¼ su bardağı süt

½ vanilya çubuğu (fasulye)

Biraz pudra şekeri

kek için:

275 gr / 10 ons / 1¼ su bardağı yumuşatılmış tereyağı veya margarin

175 gr / 5 ons / ¼ fincan pudra şekeri (çok ince)

3 yumurta

5 ml / 1 çay kaşığı vanilya özü (ekstraktı)

450 gr / 1 lb / 4 su bardağı sade un (çok amaçlı)

10 ml / 2 çay kaşığı kabartma tozu

biraz tuz

15 ml / 1 yemek kaşığı brendi

üzerine serpmek için pudra şekeri

Doldurmak için rafine şekerin yarısını mısır nişastası, yumurta sarısı ve biraz sütle çırpın. Kalan süt ve şekeri vanilya çubuğu ile kaynatın, ardından yumurta-şeker karışımını yavaş yavaş ve sürekli çırparak ekleyin. Kaynatın ve sürekli karıştırarak 3 dakika pişirin. Bir kaseye dökün, kabuk oluşumunu önlemek için pudra şekeri serpin ve soğumaya bırakın.

Pastayı yapmak için tereyağı veya margarin ve pudra şekerini hafif ve kabarık olana kadar çırpın. Yavaş yavaş yumurtaları ve vanilya esansını, dönüşümlü olarak kaşık un, kabartma tozu ve tuzu ekleyin, ardından unun geri kalanını ekleyin. Karışımı ucunda (uç) 1 cm / ½ normal ağız bulunan bir sıkma torbasına aktarın ve karışımın yarısını yağlanmış ve unlanmış 25 cm / 10 kek kalıbının (fırın tepsisi) tabanına spiral şeklinde sıkın. Dolguyu içerecek bir kenarlık oluşturmak için üst kısmı kenarın etrafında daire içine alın. Vanilya çubuğunu dolgudan çıkarın, brendiyi ekleyin ve pürüzsüz olana kadar çırpın, ardından kek karışımını gezdirin. Kek karışımının geri kalanını üstte bir spiral şeklinde yuvarlayın. Önceden ısıtılmış fırında 190°C / 375°F / gaz işareti 5'te 50 dakika altın rengi kahverengi olana ve dokunulduğunda sertleşene kadar pişirin.

Badem Prizma ve Krem Peynir

23 cm / 9 kek yapar

200 gr / 7 ons / 1¾ su bardağı yumuşatılmış tereyağı veya margarin

100 gr / 4 oz / ½ su bardağı pudra şekeri (çok ince)

1 yumurta

200 gr / 7 oz / az 1 su bardağı krem peynir

5 ml / 1 çay kaşığı limon suyu

2,5 ml / ½ çay kaşığı toz tarçın

75 ml / 5 yemek kaşığı brendi

90 ml / 6 yemek kaşığı süt

30 Bisküvi Bisküvi (Bisküvi)

Buzlanma için (buzlanma):

60 ml / 4 yemek kaşığı rafine şeker

30 ml / 2 yemek kaşığı kakao (şekersiz çikolata) tozu

100 gr / 4 ons / 1 su bardağı sade çikolata (yarı tatlı)

60 ml / 4 yemek kaşığı su

50 gr / 2 ons / ¼ fincan tereyağı veya margarin

100 gr / 4 oz / 1 su bardağı file badem (dövülmüş)

Tereyağı veya margarin ve şekeri hafif ve kabarık olana kadar çırpın. Yumurta, krem peynir, limon suyu ve tarçını ekleyin. Bir çalışma yüzeyine büyük bir alüminyum folyo tabakası yerleştirin. Brendi ve sütü karıştırın. 10 kurabiyeyi brendi karışımına batırın ve bir dikdörtgen şeklinde iki kurabiye yüksekliğinde ve beş uzunluğunda bir kağıda dizin. Peynir karışımını krakerlerin üzerine yayın. Kalan kurabiyeleri brendi ve süte batırın ve karışımın üzerine uzun bir üçgen şekli verecek şekilde yerleştirin. Folyoyu katlayın ve gece boyunca soğutun.

Krema için şeker, kakao, çikolata ve suyu küçük bir sos tenceresine alıp 3 dakika kaynatın. Ateşten alın ve tereyağı ekleyin. Biraz soğumaya bırakın. Folyoyu kekten çıkarın ve çikolata karışımını üstüne yayın Hala sıcakken bademleri sıkın. Sertleşene kadar soğutun.

Karaorman pastası

18 cm / 7 kek yapar

175 gr / 6 ons / ¾ fincan tereyağı veya margarin, yumuşatılmış

175 gr / 6 ons / ¾ fincan pudra şekeri (çok ince)

3 yumurta, hafifçe çırpılmış

150 gr / 5 oz / 1¼ fincan kendiliğinden kabaran un (kendinden kabaran)

25 gr / 1 ons / ¼ fincan kakao (şekersiz çikolata) tozu

10 ml / 2 çay kaşığı kabartma tozu

90ml / 6 yemek kaşığı vişne reçeli (konserve)

100 gr / 4 ons / 1 su bardağı sade (yarı tatlı) çikolata, ince rendelenmiş

400 gr / 14 ons / 1 büyük kutu vişne, süzülmüş ve suyu ayrılmış

150 ml / ¼ pt / 2/3 su bardağı çift krema (ağır), çırpılmış

10 ml / 2 çay kaşığı ararot

Tereyağı veya margarin ve şekeri hafif ve kabarık olana kadar çırpın. Yavaş yavaş yumurtaları ekleyip un, kakao ve kabartma tozunu ekleyin. Karışımı iki adet yağlanmış ve astarlanmış 18 cm / 7 sandviç kalıbına (forminhas) bölün ve önceden ısıtılmış fırında 180 ° C / 350 ° F / gaz işareti 4'te 25 dakika dokunana kadar pişirin. Soğumaya bırakın.

Reçelin bir kısmı ile kekleri sandviç yapın ve kalanını pastanın kenarlarına yayın. Rendelenmiş çikolatayı pastanın kenarlarına bastırın. Kirazları çekici bir şekilde üstüne yerleştirin. Kremayı pastanın üst kenarına yayın. Ara kökü biraz vişne suyuyla ısıtın ve sertleşmesi için meyvenin üzerine fırçayla sürün.

Çikolata ve Bademli Gateau

23 cm / 9 kek yapar

100 gr / 4 ons / 1 su bardağı sade çikolata (yarı tatlı)

100 gr / 4 ons / ½ fincan tereyağı veya margarin, yumuşatılmış

150 gr / 5 ons / 2/3 su bardağı pudra şekeri (çok ince)

3 yumurta, ayrılmış

50 gr / 2 ons / ½ fincan öğütülmüş badem

100 gr / 4 ons / 1 su bardağı sade un (çok amaçlı)

Dolgu için:
225g / 8oz / 2 su bardağı sade çikolata (yarı tatlı)

300 ml / ½ pt / 1¼ su bardağı krema (ağır)

75g / 3oz / ¼ fincan ahududu reçeli (koru)

Çikolatayı ısıya dayanıklı bir kapta, kaynar su dolu bir tencerenin üzerinde eritin. Tereyağı veya margarini şekerle çırpın ve çikolata ve yumurta sarısını ekleyin. Öğütülmüş badem ve unu ekleyin. Yumurta aklarını kar haline gelene kadar çırpın ve karışıma katın. Yağlanmış ve astarlanmış bir kek kalıbına (fırın tepsisi) 23 cm / 9 dökün ve önceden ısıtılmış fırında 180°C / 350°F / gaz işareti 4'te 40 dakika dokunana kadar pişirin. Soğumaya bırakın ve pastayı yatay olarak ikiye bölün.

Dolguyu yapmak için, çikolatayı ve kremayı ısıya dayanıklı bir kapta bir tencerede kaynar su üzerinde eritin. Pürüzsüz olana kadar karıştırın, ardından ara sıra karıştırarak soğutun. Kekleri reçel ve çikolatalı kremanın yarısı ile sandviç yapın, kalan kremayı pastanın üstüne ve yanlarına yayın ve bir kenara koyun.

Çikolatalı Cheesecake Gateau

23 cm / 9 kek yapar

taban için:

25 gr / 1 ons / 2 yemek kaşığı pudra şekeri (çok ince)

175 gr / 6 ons / 1½ fincan sindirilebilir bisküvi kırıntıları (Graham krakerleri)

75 gr / 3 ons / 1/3 su bardağı eritilmiş tereyağı veya margarin

Dolgu için:

100 gr / 4 ons / 1 su bardağı sade çikolata (yarı tatlı)

300g / 10oz / 1¼ su bardağı krem peynir

3 yumurta, ayrılmış

45 ml / 3 yemek kaşığı kakao (şekersiz çikolata) tozu

25 gr / 1 ons / ¼ fincan sade un (çok amaçlı)

50 gr / 2 ons / ¼ fincan yumuşak kahverengi şeker

150 ml / ¼ puan / 2/3 su bardağı ekşi krema (laktik asit)

Süsleme için 50 gr / 2 oz / ¼ fincan pudra şekeri (çok ince):

100 gr / 4 ons / 1 su bardağı sade çikolata (yarı tatlı)

25 gr / 1 ons / 2 yemek kaşığı tereyağı veya margarin

120 ml / 4 fl oz / ½ fincan çift krema (ağır)

6 adet vişne (şekerlenmiş)

Tabanını yapmak için, şeker ve bisküvi kırıntılarını eritilmiş tereyağıyla karıştırın ve yağlanmış 23 cm / 9'luk bir kek kalıbının (fırın tepsisi) tabanına ve yanlarına bastırın.

Dolguyu yapmak için, çikolatayı ısıya dayanıklı bir kapta kaynar su dolu bir tencerenin üzerinde eritin. Biraz soğumaya bırakın. Peyniri yumurta sarısı, kakao, un, esmer şeker ve krema ile çırpın ve eritilmiş çikolatayı ekleyin. Yumurta aklarını yumuşak tepeler oluşana kadar çırpın, ardından pudra şekerini ekleyin ve sert ve parlak olana kadar tekrar çırpın. Karışımı metal bir kaşık kullanarak katlayın ve yüzeyi düzleştirerek tabanın üzerine yerleştirin. Önceden ısıtılmış fırında 160°C/325°F/gaz işareti 3'te 1½ saat pişirin. Fırını kapatın ve keki fırının kapağı aralık kalacak şekilde soğumaya bırakın. Sertleşene kadar soğutun ve kalıptan çıkarın.

Süslemek için çikolatayı ve tereyağını veya margarini kaynar su dolu bir tencerenin üzerine yerleştirilmiş ısıya dayanıklı bir kapta eritin. Ateşten alın ve biraz soğumaya bırakın, ardından kremayı karıştırın. Çikolatayı kalıplarda kekin üzerine gezdirin ve kremalı kirazlarla süsleyin.

Çikolatalı Fudge Gateau

20 cm / 8 kek yapar

75g / 3oz / ¾ fincan saf (yarı tatlı) çikolata, doğranmış

200 ml / 7 fl oz / az 1 bardak süt

225 gr / 8 ons / 1 su bardağı esmer şeker

75 gr / 3 ons / 1/3 fincan tereyağı veya margarin, yumuşatılmış

2 yumurta, hafifçe çırpılmış

2,5 ml / ½ çay kaşığı vanilya özü (ekstraktı)

150 gr / 5 ons / 1¼ su bardağı sade un (çok amaçlı)

25 gr / 1 ons / ¼ fincan kakao (şekersiz çikolata) tozu

5 ml / 1 çay kaşığı karbonat (kabartma tozu)

Buzlanma için (buzlanma):

100 gr / 4 ons / 1 su bardağı sade çikolata (yarı tatlı)

100 gr / 4 ons / ½ fincan tereyağı veya margarin, yumuşatılmış

225 gr / 8 ons / 11/3 su bardağı pudra şekeri (şekerlemecilerin) elenmiş

Süslemek için çikolata parçaları veya bukleler

Çikolata, süt ve 75 gr / 3 oz / 1/3 su bardağı şekeri bir tencerede eritin ve hafifçe soğumaya bırakın. Tereyağı ve kalan şekeri hafif ve kabarık olana kadar çırpın. Yavaş yavaş yumurtaları ve vanilya özünü çırpın, ardından çikolata karışımını ekleyin. Un, kakao ve kabartma tozunu yavaşça karıştırın. Karışımı iki adet yağlanmış ve astarlanmış 20 cm / 8 sandviç kalıbına dökün ve önceden ısıtılmış fırında 180 °C / 350 °F / gaz işareti 4'te 30 dakika dokunana kadar pişirin. Kalıplarda 3 dakika soğumaya bırakın ve soğumasını bitirmek için fırına koyun.

Buzlanmayı yapmak için, ısıya dayanıklı bir kapta çikolatayı bir tencerede kaynar su üzerinde eritin. Tereyağı veya margarini şekerle birlikte köpük köpük olana kadar çırpın ve eritilmiş çikolatayı ekleyin. Kekleri kremanın üçte biri ile sandviç yapın ve kalanını kekin üstüne ve yanlarına yayın. Üst kısmını ufalanmış pullarla süsleyin veya bir şekerleme çubuğunun yan tarafına keskin bir bıçak kazıyarak bukleler yapın.

Keçiboynuzu Nane Kapısı

20 cm / 8 kek yapar

3 yumurta

50 g / 2 oz / ¼ fincan pudra şekeri (çok ince)

75 gr / 3 ons / 1/3 su bardağı kendiliğinden kabaran un (kendinden kabaran)

25 gr / 1 ons / ¼ fincan keçiboynuzu tozu

150 ml / ¼ puan / 2/3 su bardağı krema

Birkaç damla nane özü (özü)

50 gr / 2 ons / ½ fincan kıyılmış karışık kuruyemiş

Yumurtaları şeffaf olana kadar çırpın. Şekeri ekleyin ve karışım hafif ve kremsi olana kadar devam edin ve çırpıcıyı şeritler halinde bırakın. Bu 15 ila 20 dakika sürebilir. Un ve keçiboynuzu tozunu karıştırıp yumurtalı karışıma katın. Yağlanmış ve astarlanmış 20cm / 18cm'lik iki kek kalıbına (pişirme tavaları) dökün ve önceden ısıtılmış fırında 180°C / 350°F / gaz işareti 4'te 15 dakika dokunana kadar pişirin. Soğuk.

Kremayı yumuşak zirvelere kadar çırpın, esansı ve fındıkları ekleyin. Her pastayı yatay olarak ikiye bölün ve tüm kekleri ekşi krema ile birlikte yerleştirin.

buzlu kahve kapısı

18 cm / 7 kek yapar

225 gr / 8 ons / 1 su bardağı tereyağı veya margarin

100 gr / 4 oz / ½ su bardağı pudra şekeri (çok ince)

2 yumurta, hafifçe çırpılmış

100 g / 4 oz / 1 su bardağı kendiliğinden kabaran un (kendinden kabaran)

biraz tuz

30 ml / 2 yemek kaşığı kahve özü (ekstraktı)

100 gr / 4 oz / 1 su bardağı file badem (dövülmüş)

225 gr / 8 ons / 11/3 su bardağı pudra şekeri (şekerlemecilerin) elenmiş

Tereyağı veya margarinin yarısını ve pudra şekerini hafif ve kabarık olana kadar çırpın. Yavaş yavaş yumurtaları ekleyin, un, tuz ve 15 ml / 1 yemek kaşığı kahve esansını ekleyin. Karışımı iki adet yağlanmış ve astarlanmış 18 cm / 7 cm sandviç kalıbına dökün ve önceden ısıtılmış fırında 180 °C / 350 °F / gaz işareti 4'te 25 dakika dokunana kadar pişirin. Soğumaya bırakın. Bademleri kuru bir tavaya (kızartma tavası) koyun ve orta dereceli bir fırına koyun, tavayı altın rengi kahverengi olana kadar sürekli sallayın.

Kalan tereyağı veya margarini köpük köpük olana kadar çırpın ve üzerine pudra şekeri ve kalan kahve esansını yavaş yavaş ekleyerek sürülebilir bir kıvam elde edinceye kadar yoğurun. Kekleri, buzlanmanın (buzlanma) üçte biri ile sandviçleyin. Kalan kremayı kekin kenarlarına yayın ve kavrulmuş bademleri kremanın içine bastırın. Kalanını kekin üzerine yayın ve çatalla şekil verin.

Kahve ve Ceviz Halkalı Gateau

23 cm / 9 kek yapar

kek için:

15 ml / 1 yemek kaşığı hazır kahve tozu

15 ml / 1 yemek kaşığı süt

100 g / 4 oz / 1 su bardağı kendiliğinden kabaran un (kendinden kabaran)

5 ml / 1 tatlı kaşığı kabartma tozu

100 gr / 4 ons / ½ fincan tereyağı veya margarin, yumuşatılmış

100 gr / 4 oz / ½ su bardağı pudra şekeri (çok ince)

2 yumurta, hafifçe çırpılmış

Dolgu için:

45 ml / 3 yemek kaşığı kayısı reçeli (konserve), elenmiş (süzülmüş)

15 ml / 1 yemek kaşığı su

10 ml / 2 çay kaşığı hazır kahve tozu

30 ml / 2 yemek kaşığı süt

100 gr / 4 ons / 2/3 fincan krema (şekerlemeci) şekeri, elenmiş

50 gr / 2 oz / ¼ fincan tereyağı veya margarin, yumuşatılmış

50 gr / 2 ons / ½ fincan ceviz, kıyılmış

Buzlanma için (buzlanma):

30 ml / 2 yemek kaşığı hazır kahve tozu

90 ml / 6 yemek kaşığı süt

450 g / 1 lb / 22/3 su bardağı şekerlemeci (şekerlemeci) şekeri, elenmiş

50 gr / 2 ons / ¼ fincan tereyağı veya margarin

Süslemek için birkaç yarım ceviz

Pastayı yapmak için kahveyi sütte eritin, kalan kek malzemeleriyle karıştırın ve her şey iyice karışana kadar çırpın. Yağlanmış 23 cm / 9 halkalı bir kalıba (tüp tava) dökün ve önceden ısıtılmış fırında 160°C / 325°F / gaz işareti 3'te 40 dakika dokunana kadar pişirin. Tavada 5 dakika soğutun, ardından soğutmayı bitirmek için bir tel ızgara üzerine yerleştirin. Keki yatay olarak ortadan ikiye kesin.

Dolguyu yapmak için reçeli ve suyu pürüzsüz olana kadar ısıtın, ardından pastanın kesik yüzeylerini fırçalayın. Kahveyi sütte eritin, pudra şekerini tereyağ veya margarinle ve fındıklarla karıştırarak sürülebilir bir kıvam alana kadar çırpın. Pastanın iki yarısını dolgu ile sandviçleyin.

Üzerini yapmak için, kaynayan su kabının üzerine yerleştirilmiş ısıya dayanıklı bir kapta kahveyi sütün içinde eritin. Pudra şekeri ve tereyağı veya margarini ekleyin ve pürüzsüz olana kadar çırpın. Ateşten alın ve soğumaya bırakın ve ara sıra karıştırarak bir kaplama kıvamına gelene kadar kalınlaştırın. Kekin üzerine muhallebiyi koyun, ceviz parçalarıyla süsleyin ve soğumaya bırakın.

Çikolatalı Gateau ve Danimarka Muhallebi

23 cm / 9 kek yapar

4 ayrı yumurta

175 gr / 6 ons / 1 su bardağı pudra şekeri (şekerciler için) elenmiş

½ limonun rendelenmiş kabuğu

60 gr / 2½ ons / 2/3 su bardağı sade un (çok amaçlı)

60 gr / 2½ ons / 2/3 su bardağı patates unu

2,5 ml / ½ çay kaşığı kabartma tozu

Dolgu için:

45 ml / 3 yemek kaşığı pudra şekeri (çok ince)

15 ml / 1 yk mısır unu (mısır nişastası)

300 ml / ½ pt / 1¼ su bardağı süt

3 çırpılmış yumurta sarısı

50 gr / 2 ons / ½ fincan kıyılmış karışık kuruyemiş

150 ml / ¼ pt / 2/3 su bardağı krema (ağır)

Çatıya:

100 gr / 4 ons / 1 su bardağı sade çikolata (yarı tatlı)

30 ml / 2 yemek kaşığı krema (ağır)

25 gr / 1 oz / ¼ fincan beyaz çikolata, rendelenmiş veya bukleler halinde dilimlenmiş

Yumurta sarılarını pudra şekeri ve limon kabuğu ile çırpın. Unları ve mayayı birleştirin. Yumurta aklarını katılaşana kadar çırpın ve metal bir kaşıkla karışıma ekleyin. Yağlanmış ve astarlanmış bir kek kalıbına (fırın tepsisi) 23 cm / 9 dökün ve önceden ısıtılmış fırında 190°C / 375°F / Gaz 5'te altın rengi kahverengi olana ve dokunulduğunda esnek olana kadar 20 dakika pişirin. Tavada 5 dakika soğutun, ardından soğutmayı bitirmek için bir tel ızgara üzerine yerleştirin. Pastayı yatay olarak üç katmana kesin.

Dolguyu yapmak için şeker ve mısır nişastasını biraz sütle macun kıvamına gelene kadar çırpın. Kalan sütü kaynatın, mısır nişastalı karışımın üzerine dökün ve iyice karıştırın. Durulanmış tavaya geri dönün ve krema koyulaşana kadar çok hafif ateşte sürekli karıştırın. Yumurta sarılarını kremayı kaynatmadan çok kısık ateşte çırpın. Biraz soğumaya bırakın ve cevizi ekleyin. Kremayı sertleşene kadar çırpın ve kremaya katın. Katmanları krema ile birlikte sandviçleyin.

Buzlanmayı yapmak için, çikolatayı kremayla birlikte kaynayan su dolu bir tencerenin üzerine yerleştirilmiş ısıya dayanıklı bir kapta eritin. Kekin üzerine yayın ve rendelenmiş beyaz çikolata ile süsleyin.

meyve kapısı

20 cm / 8 kek yapar

1 pişirme elma (turta), soyulmuş, özlü ve doğranmış

25 gr / 1 ons / ¼ fincan kuru incir, doğranmış

25 gr / 1 ons / ¼ fincan kuru üzüm

75 gr / 3 ons / 1/3 fincan tereyağı veya margarin, yumuşatılmış

2 yumurta

175 gr / 6 ons / 1½ su bardağı tam buğday unu (tam buğday)

5 ml / 1 tatlı kaşığı kabartma tozu

30 ml / 2 yemek kaşığı yağsız süt

15 ml / 1 yemek kaşığı jelatin

30 ml / 2 yemek kaşığı su

400 gr / 14 ons / 1 büyük kutu doğranmış ananas, süzülmüş

300 ml / ½ pt / 1¼ su bardağı taze peynir

150 ml / ¼ puan / 2/3 su bardağı krema

Elma, incir, kuru üzüm ve tereyağı veya margarini karıştırın. Yumurtaları ekleyin. Pürüzsüz bir karışım oluşturmak için un, kabartma tozu ve yeterli sütü birleştirin. Yağlanmış 20 cm / 8 kek kalıbına (fırın tepsisi) dökün ve önceden ısıtılmış fırında 180 °C / 350 °F / gaz işareti 4'te 30 dakika dokunana kadar pişirin. Kalıptan çıkarın ve bir tel raf üzerinde soğumaya bırakın.

Dolguyu yapmak için jelatini küçük bir kapta suyun üzerine serpin ve bir sünger haline gelmesine izin verin. Kaseyi sıcak su dolu bir tencereye koyun ve çözünmesine izin verin. Biraz soğumaya bırakın. Ananas, taze peynir ve kremayı ekleyip katılaşana kadar buzdolabına alın. Keki yatay olarak ortadan ikiye kesin ve krema ile kaplayın.

meyve savarini

20 cm / 8 kek yapar

15 gr / ½ oz yaş maya veya 20 ml / 4 çay kaşığı kuru maya

45 ml / 3 yemek kaşığı ılık süt

100 gr / 4 oz / 1 su bardağı sade güçlü un (ekmek)

biraz tuz

5 ml / 1 çay kaşığı şeker

2 çırpılmış yumurta

50 gr / 2 oz / ¼ fincan tereyağı veya margarin, yumuşatılmış

şurup için:

225 gr / 8 ons / 1 su bardağı pudra şekeri (çok ince)

300 ml / ½ puan / 1¼ su bardağı su

45ml / 3 yemek kaşığı kirsch

Dolgu için:

2 muz

100 gr / 4 ons çilek, dilimlenmiş

100 gr ahududu

Mayayı sütle çırpın ve 15 ml / 1 yemek kaşığı un ekleyin. Köpürene kadar bekletin. Kalan unu, tuzu, şekeri, yumurtaları ve tereyağını ekleyin ve pürüzsüz olana kadar çırpın. Yağlanmış ve unlanmış 20 cm / 8 kaşık dolusu savarin veya halka kalıba (boru teneke) aktarın ve karışım neredeyse kalıbın üstüne gelene kadar yaklaşık 45 dakika ılık bir yerde bırakın. Önceden ısıtılmış fırında 30 dakika altın rengi alana ve tavanın kenarlarında büzüşene kadar pişirin. Bir tepsinin üzerindeki tel ızgaranın üzerine alın ve her şeyi bir şişle delin.

Savarin pişerken şerbeti yapın. Şekeri suda ara sıra karıştırarak kısık ateşte eritin. Kaynatın ve şurup kıvamına gelene kadar 5 dakika karıştırmadan pişirin. Kirsch'ü ekleyin. Sıcak şurubu, doyana kadar savarinin üzerine dökün. Soğumaya bırakın.

Muzları ince ince dilimleyin ve diğer meyvelerle ve tepsiye damlayan şerbetle karıştırın. Savarini bir tabağa koyun ve servis yapmadan önce ortasına meyveyi yerleştirin.

Zencefilli Kurabiye Katmanlı Kek

18 cm / 7 kek yapar

100 g / 4 oz / 1 su bardağı kendiliğinden kabaran un (kendinden kabaran)

5 ml / 1 tatlı kaşığı kabartma tozu

100 gr / 4 ons / ½ fincan tereyağı veya margarin, yumuşatılmış

100 gr / 4 oz / ½ su bardağı pudra şekeri (çok ince)

2 yumurta

Doldurma ve süsleme için:

150 ml / ¼ pt / 2/3 su bardağı çırpılmış krema veya çift krema (ağır)

100 gr / 4 ons / 1/3 fincan zencefil reçeli

4 zencefilli kurabiye (bisküvi), ezilmiş

Birkaç parça şekerlenmiş (şekerlenmiş) zencefil

Tüm kek malzemelerini iyice karışana kadar çırpın. Yağlanmış ve astarlanmış 18 cm / 7 cm'lik iki sandviç kalıbına (fırın tavaları) dökün ve önceden ısıtılmış fırında 160 °C / 325 °F / gaz işareti 3'te altın rengi kahverengi olana ve dokunulduğunda esnek olana kadar 25 dakika pişirin. Kalıplarda 5 dakika soğumaya bırakın ve soğumasını tamamlamak için fırına koyun. Her pastayı yatay olarak ikiye bölün.

Dolguyu yapmak için kremayı sertleşene kadar çırpın. Bir kekin tabanına marmelatın yarısını yayın ve ikinci katı üzerine kapatın. Kremanın yarısını yayın ve bir sonraki kat ile örtün. Marmelatın geri kalanını yayın ve son kat ile örtün. Kalan kremayı üstüne yayın ve bisküvi kırıntıları ve şekerlenmiş zencefil ile süsleyin.

Üzüm ve Şeftali Kapısı

20 cm / 8 kek yapar

4 yumurta

100 gr / 4 oz / ½ su bardağı pudra şekeri (çok ince)

75 gr / 6 ons / 1½ fincan sade un (çok amaçlı)

biraz tuz

Doldurma ve süsleme için:

100 gr / 14 ons / 1 büyük konserve şeftali

450 ml / ¾ pt / 2 su bardağı krema (ağır)

50 g / 2 oz / ¼ fincan pudra şekeri (çok ince)

Birkaç damla vanilya özü (özü)

100 gr / 4 ons / 1 su bardağı kıyılmış fındık

100g / 4oz çekirdeksiz üzüm (çekirdeksiz)

Bir tutam taze nane

Yumurta ve şekeri kalın, hafif bir karışım elde edene kadar çırpın ve hamuru şeritler halinde bırakın. Unu ve tuzu eleyin ve karışana kadar hafifçe karıştırın. Yağlanmış ve astarlanmış 20 cm / 8 pound kek kalıbına bir kaşıkla (fırın tepsisi) aktarın ve önceden ısıtılmış fırında 180 °C / 350 °F / gaz işareti 4'te ortasına batırdığınız kürdan çıkana kadar 30 dakika pişirin. temiz. Tavada 5 dakika soğutun, ardından soğutmayı bitirmek için bir tel ızgara üzerine yerleştirin. Keki yatay olarak ortadan ikiye kesin.

Şeftalileri süzün ve şuruptan 90 ml / 6 yemek kaşığı ayırın. Şeftalilerin yarısını ince ince dilimleyin ve kalanını doğrayın. Kremayı şeker ve vanilya özü ile koyulaşana kadar çırpın. Kremanın yarısını kekin alt katına yayın, üzerine doğranmış şeftalileri serpin ve pastanın üstünü kapatın. Kalan kremayı pastanın kenarlarına ve üzerine yayın. Kenarlarına kıyılmış cevizleri bastırın. Pastanın kenarlarına dilimlenmiş şeftalileri, ortalarına üzümleri dizin. Bir nane dalı ile süsleyin.

limon kapısı

18 cm / 7 kek yapar

kek için:

100 gr / 4 ons / ½ fincan tereyağı veya margarin, yumuşatılmış

100 gr / 4 oz / ½ su bardağı pudra şekeri (çok ince)

2 yumurta, hafifçe çırpılmış

100 g / 4 oz / 1 su bardağı kendiliğinden kabaran un (kendinden kabaran)

biraz tuz

1 limonun rendelenmiş kabuğu ve suyu

Buzlanma için (buzlanma):

100 gr / 4 ons / ½ fincan tereyağı veya margarin, yumuşatılmış

225 gr / 8 ons / 11/3 su bardağı pudra şekeri (şekerlemecilerin) elenmiş

100 gr / 4 ons / 1/3 fincan limonlu lor

Dekorasyon için çiçek kaplama

Pastayı yapmak için tereyağı veya margarin ve şekeri hafif ve kabarık olana kadar çırpın. Yavaş yavaş yumurtaları ekleyin ve ardından un, tuz ve limon kabuğunu ekleyin. Karışımı yağlanmış ve astarlanmış 18 cm / 7 cm'lik iki sandviç kalıbına dökün ve önceden ısıtılmış fırında 180 °C / 350 °F / gaz işareti 4'te 25 dakika dokunana kadar pişirin. Soğumaya bırakın.

Krema için, tereyağı veya margarini köpürene kadar çırpın, ardından pudra şekeri ve limon suyunu sürülebilir bir kıvama gelene kadar ekleyin. Kekleri limonlu lor ile sandviçleyin ve buzlanmanın dörtte üçünü pastanın üstüne ve yanlarına yayın ve bir çatalla desenler çizin. Kalan muhallebiyi yıldız uçlu (uç) takılmış bir sıkma torbasına koyun ve pastanın üstüne rozetler sıkın. Buzlanma çiçeklerle süsleyin.

Kahverengi Kapı

25 cm pasta yapar / 10

425 gr / 15 ons / 1 büyük kutu kestane püresi

6 yumurta, ayrılmış

5 ml / 1 çay kaşığı vanilya özü (ekstraktı)

5 ml / 1 çay kaşığı toz tarçın

350 gr / 12 ons / 2 su bardağı pudra şekeri (şekerlemecilerin) elenmiş

100 gr / 4 ons / 1 su bardağı sade un (çok amaçlı)

5 ml / 1 tatlı kaşığı toz jelatin

30 ml / 2 yemek kaşığı su

15 ml / 1 yemek kaşığı rom

300 ml / ½ pt / 1¼ su bardağı krema (ağır)

90 ml / 6 yemek kaşığı kayısı reçeli (konserve), elenmiş (süzülmüş)

30 ml / 2 yemek kaşığı su

450 gr / 1 lb / 4 su bardağı sade (yarı tatlı) çikolata, parçalara ayrılmış

100 gr / 4 ons badem ezmesi

30 ml / 2 yemek kaşığı kıyılmış fıstık

Kestane püresini eleyin ve pürüzsüz olana kadar karıştırın, ardından ikiye bölün. Yarısını yumurta sarısı, vanilya esansı, tarçın ve 50 gr / 2 oz / 1/3 su bardağı pudra şekeri ile karıştırın. Yumurta aklarını sertleşene kadar çırpın, ardından 6 oz / 175 g / 1 bardak pudra şekerini karışım sert tepeler oluşana kadar yavaş yavaş çırpın. Yumurta sarısı ve kestane karışımına ekleyin. Unu ekleyin ve yağlanmış ve astarlanmış 25 cm / 10 cm kek kalıbına (fırın tepsisi) yerleştirin. Önceden ısıtılmış fırında 180°C/350°F/gaz işareti 4'te 45 dakika dokunulduğunda yumuşak olana kadar pişirin. Soğumaya bırakın, örtün ve gece boyunca bırakın.

Jelatini bir kapta suyun üzerine serpin ve süngerimsi olana kadar bırakın. Kaseyi sıcak su dolu bir tencereye koyun ve çözünmesine izin verin. Biraz soğumaya bırakın. Kalan kestane püresini kalan pudra şekeri ve rom ile karıştırın. Kremayı sertleşene kadar çırpın ve çözünmüş jelatin ile püre haline getirin. Keki yatay olarak üçe bölün ve kestane püresi ile sandviç yapın. Kenarlarını kesin ve 30 dakika buzdolabında bekletin.

Reçeli suyla iyice karışana kadar kaynatın ve pastanın üstünü ve yanlarını fırçalayın. Çikolatayı ısıya dayanıklı bir kapta, kaynar su dolu bir tencerenin üzerinde eritin. Badem ezmesini 16 kestane şekline getirin. Tabanı eritilmiş çikolataya ve ardından antep fıstığına batırın. Kalan çikolatayı pastanın üstüne ve yanlarına yayın ve yüzeyi bir spatula ile düzeltin. Kestaneleri badem ezmesine bulayıp çikolata henüz sıcakken kenarlarına dizin ve 16 dilime bölün. Soğumaya ve sertleşmeye bırakın.

milföy

23 cm / 9 kek yapar
Puf böreği 225 gr / 8 ons

150 ml / ¼ pt / 2/3 su bardağı duble (ağır) veya çırpılmış krema

45 ml / 3 yemek kaşığı ahududu reçeli (konserve)

Pudra şekeri, elenmiş

Hamuru (hamuru) yaklaşık 3 mm / 1/8 kalınlığa kadar açın ve üç eşit dikdörtgen halinde kesin. Nemli (bisküvi) bir fırın tepsisine yerleştirin ve önceden ısıtılmış fırında 200 °C / 400 °F / gaz işareti 6'da 10 dakika kızarana kadar pişirin. Bir tel raf üzerinde soğumaya bırakın. Kremayı sertleşene kadar çırpın. İki dikdörtgen hamurun üzerine reçeli yayın. Dikdörtgenleri krema ile sandviçleyin, kalan krema ile kaplayın. Pudra şekeri serperek servis yapın.

Turuncu Kapı

18 cm / 7 kek yapar

225g / 8oz / 1 fincan tereyağı veya margarin, yumuşatılmış

100 gr / 4 oz / ½ su bardağı pudra şekeri (çok ince)

2 yumurta, hafifçe çırpılmış

100 g / 4 oz / 1 su bardağı kendiliğinden kabaran un (kendinden kabaran)

biraz tuz

1 portakalın rendelenmiş kabuğu ve suyu

225 gr / 8 ons / 11/3 su bardağı pudra şekeri (şekerlemecilerin) elenmiş

Süslemek için glacé portakal dilimleri (şekerlenmiş)

Tereyağı veya margarinin yarısını ve pudra şekerini hafif ve kabarık olana kadar çırpın. Yavaş yavaş yumurtaları ekleyin ve ardından un, tuz ve portakal kabuğunu ekleyin. Karışımı iki adet yağlanmış ve astarlanmış 18 cm / 7 cm sandviç kalıbına dökün ve önceden ısıtılmış fırında 180 °C / 350 °F / gaz işareti 4'te 25 dakika dokunana kadar pişirin. Soğumaya bırakın.

Kalan tereyağı veya margarini kabarana kadar çırpın, ardından pudra şekeri ve portakal suyunu sürülebilir bir kıvama gelene kadar ekleyin. Kekleri, buzlanmanın (buzlanma) üçte biri ile sandviçleyin ve kalanını pastanın üstüne ve yanlarına yayın ve bir çatalla desenler çizin. Sırlı portakal dilimleri ile süsleyin.

Dört Katlı Portakal Marmelatlı Gateau

23 cm / 9 kek yapar

kek için:

200 ml / 7 fl oz / yetersiz 1 bardak su

25 gr / 1 ons / 2 yemek kaşığı tereyağı veya margarin

4 yumurta, hafifçe çırpılmış

300 gr / 11 oz / 11/3 su bardağı pudra şekeri (çok ince)

5 ml / 1 çay kaşığı vanilya özü (ekstraktı)

300g / 11oz / 2¾ su bardağı sade un (çok amaçlı)

10 ml / 2 çay kaşığı kabartma tozu

biraz tuz

Dolgu için:

30 ml / 2 yemek kaşığı sade un (çok amaçlı)

30 ml / 2 yemek kaşığı mısır unu (mısır nişastası)

15 ml / 1 yemek kaşığı pudra şekeri (çok ince)

2 ayrı yumurta

450 ml / ¾ pt / 2 su bardağı süt

5 ml / 1 çay kaşığı vanilya özü (ekstraktı)

120 ml / 4 fl oz / ½ fincan tatlı şeri

175 gr / 6 ons / ½ su bardağı portakal marmelatı

120 ml / 4 fl oz / ½ fincan çift krema (ağır)

100 g / 4 ons fıstık ezmesi, ezilmiş

Pastayı yapmak için, suyu tereyağı veya margarinle kaynatın. Yumurtaları şekerle hafif ve köpüklü bir krema elde edene kadar çırpın, ardından çok hafif bir karışım elde edene kadar çırpmaya devam edin. Vanilya esansını ekleyin, üzerine un, maya ve tuzu serpin ve tereyağını su ile karıştırarak kaynatın. İyice karışana kadar karıştırın. Yağlanmış ve unlanmış iki adet 23 cm / 9 sandviç kalıbına (fırın tavalarına) dökün ve önceden ısıtılmış fırında 180 °C / 350 °F / gaz işareti 4'te altın rengi kahverengi olana ve dokunulduğunda elastik olana kadar 25 dakika pişirin. Kalıplarda 3 dakika soğumaya bırakın ve soğumasını bitirmek için fırına koyun. Her pastayı yatay olarak ikiye bölün.

Dolguyu yapmak için un, mısır nişastası, şeker ve yumurta sarısını biraz sütle macun kıvamına gelene kadar karıştırın. Kalan sütü bir tencerede kaynatın, karışıma dökün ve pürüzsüz olana kadar çırpın. Durulanmış tavaya geri dönün ve kısık ateşte koyulaşana kadar sürekli karıştırarak kaynatın. Ocaktan alıp vanilya özünü ekleyin ve biraz soğumaya bırakın. Yumurta aklarını sertleşene kadar çırpın, sonra ekleyin.

Şeriyi pastanın dört katına serpin, üçünü reçelle yayın, ardından kremayı üstüne yayın. Katmanları dört katmanlı bir sandviçte birleştirin. Kremayı sertleşene kadar çırpın ve kekin üzerine dökün. Fıstık ezmesi serpin.

Pekan ve Hurma Kapısı

23 cm / 9 kek yapar

kek için:

250 ml / 8 fl oz / 1 su bardağı kaynar su

450 gr / 1 lb / 2 su bardağı çekirdeksiz hurma (çekirdekleri çıkarılmış), ince kıyılmış

2,5 ml / ½ çay kaşığı kabartma tozu (kabartma tozu)

225 gr / 8 ons / 1 su bardağı yumuşatılmış tereyağı veya magarin

225 gr / 8 ons / 1 su bardağı pudra şekeri (çok ince)

3 yumurta

100 gr / 4 ons / 1 su bardağı kıyılmış pekan cevizi

5 ml / 1 çay kaşığı vanilya özü (ekstraktı)

350 gr / 12 ons / 3 su bardağı sade un (çok amaçlı)

10 ml / 2 çay kaşığı öğütülmüş tarçın

5 ml / 1 tatlı kaşığı kabartma tozu

Buzlanma için (buzlanma):

120 ml / 4 fl oz / ½ su bardağı su

30 ml / 2 yemek kaşığı kakao (şekersiz çikolata) tozu

10 ml / 2 çay kaşığı hazır kahve tozu

100 gr / 4 ons / ½ fincan tereyağı veya margarin

400 gr / 14 ons / 21/3 su bardağı pudra şekeri (şekerlemecilerin) elenmiş

50 gr / 2 ons / ½ fincan pekan cevizi, ince kıyılmış

Keki yapmak için, hurmaların üzerine kaynar suyu ve karbonatı dökün ve soğuyana kadar bekletin. Tereyağı veya margarini ve rafine şekeri hafif ve kabarık olana kadar çırpın. Yavaş yavaş yumurtaları ekleyin ve fındık, vanilya esansı ve hurmaları ekleyin.

Un, tarçın ve kabartma tozunu birleştirin. İki adet yağlanmış 23 cm / 9 sandviç kalıbına (pişirme tavaları) dökün ve önceden ısıtılmış fırında 180 °C / 350 °F / gaz işareti 4'te 30 dakika dokunulduğunda elastik olana kadar pişirin. Soğuması için bir tel ızgaranın üzerine çıkarın.

Krema için su, kakao ve kahveyi küçük bir sos tenceresinde koyu bir şurup elde edinceye kadar kaynatın. Soğumaya bırakın. Tereyağı veya margarini ve pudra şekerini köpük köpük olana kadar çırpın ve şerbeti ekleyin. Kekleri kremanın üçte biri ile sandviç yapın. Kalan muhallebiyi kekin kenarlarına yayın ve dövülmüş ceviz içi ile bastırın. Kalan buzlanmanın çoğunu üstüne yayın ve birkaç buzlanma rozeti sıkın.

Erik ve Tarçın Kapısı

23 cm / 9 kek yapar

350 gr / 12 ons / 1½ fincan tereyağı veya margarin, yumuşatılmış

175 gr / 6 ons / ¾ fincan pudra şekeri (çok ince)

3 yumurta

150 gr / 5 oz / 1¼ fincan kendiliğinden kabaran un (kendinden kabaran)

5 ml / 1 tatlı kaşığı kabartma tozu

5 ml / 1 çay kaşığı toz tarçın

350 gr / 12 ons / 2 su bardağı pudra şekeri (şekerlemecilerin) elenmiş

5 ml / 1 tatlı kaşığı ince rendelenmiş portakal kabuğu

100 gr / 4 ons / 1 su bardağı fındık, iri öğütülmüş

300 gr / 11 ons / 1 orta boy konserve erik, süzülmüş

Tereyağı veya margarinin yarısını ve pudra şekerini hafif ve kabarık olana kadar çırpın. Yavaş yavaş yumurtaları çırpın ve ardından un, kabartma tozu ve tarçını ekleyin. Yağlanmış ve astarlanmış 23 cm / 9 kare bir kalıba bir kaşıkla aktarın ve önceden ısıtılmış fırında 180 °C / 350 °F / gaz işareti 4'te 40 dakika ortasına batırdığınız bir kürdan temiz çıkana kadar pişirin. Şekilden çıkarın ve soğumaya bırakın.

Kalan tereyağı veya margarini kabarana kadar çırpın, ardından pudra şekeri ve rendelenmiş portakal kabuğu rendesini ekleyin. Pastayı yatay olarak ikiye bölün, ardından iki yarıyı buzlanmanın üçte ikisi ile sandviç yapın. Kalan buzlanmanın çoğunu pastanın üstüne ve yanlarına yayın. Cevizleri pastanın kenarlarına bastırın ve kuru erikleri çekici bir şekilde üstüne yerleştirin. Kalan kremayı pastanın üst kenarına dekoratif bir şekilde sarın.

Budama Katman Geçidi

25 cm pasta yapar / 10

kek için:

225 gr / 8 ons / 1 su bardağı tereyağı veya margarin

300g / 10oz / 2¼ bardak pudra şekeri (çok ince)

3 yumurta, ayrılmış

450 gr / 1 lb / 4 su bardağı sade un (çok amaçlı)

5 ml / 1 tatlı kaşığı kabartma tozu

5 ml / 1 çay kaşığı karbonat (kabartma tozu)

5 ml / 1 çay kaşığı toz tarçın

5 ml / 1 çay kaşığı rendelenmiş hindistan cevizi

2,5 ml / ½ çay kaşığı öğütülmüş karanfil

biraz tuz

250 ml / 8 fl oz / 1 su bardağı sade krema (hafif)

225 gr / 8 ons / 11/3 su bardağı çekirdekleri çıkarılmış (çekirdekleri çıkarılmış) pişmiş kuru erik, ince kıyılmış

Dolgu için:

250 ml / 8 fl oz / 1 su bardağı sade krema (hafif)

100 gr / 4 oz / ½ su bardağı pudra şekeri (çok ince)

3 yumurta sarısı

225 gr / 8 oz / 11/3 su bardağı pişmiş çekirdeksiz kuru erik (çekirdekleri çıkarılmış)

30 ml / 2 yemek kaşığı rendelenmiş portakal kabuğu

5 ml / 1 çay kaşığı vanilya özü (ekstraktı)

50 gr / 2 ons / ½ fincan kıyılmış karışık kuruyemiş

Pastayı yapmak için tereyağı veya margarin ve şekeri çırpın. Sarıları yavaş yavaş ekleyin ve un, kabartma tozu, karbonat, baharatlar ve tuzu ekleyin. Kremayı ve kuru erikleri ekleyin. Yumurta aklarını kar haline gelene kadar çırpın ve karışıma katın. Yağlanmış ve unlanmış 25 cm / 10'luk üç sandviç kalıba (pişirme tavaları) dökün ve iyice kabarana ve dokunulduğunda elastik olana kadar 25 dakika 180 °C / 350 °F / gaz işareti 4'te önceden ısıtılmış bir fırına yerleştirin. Soğumaya bırakın.

Fındık hariç tüm dolgu malzemelerini iyice karışana kadar karıştırın. Bir tencereye alın ve kısık ateşte sürekli karıştırarak koyulaşana kadar pişirin. Dolgunun üçte birini pastanın tabanına yayın ve fındıkların üçte birini serpin. İkinci keki üstüne yerleştirin ve kalan kremanın yarısı ve kalan fındıkların yarısı ile üstüne yerleştirin. Son keki üstüne yerleştirin ve kalan krema ve fındıkları yayın.

gökkuşağı çizgili kek

18 cm / 7 kek yapar

kek için:

100 gr / 4 ons / ½ fincan tereyağı veya margarin, yumuşatılmış

225 gr / 8 ons / 1 su bardağı pudra şekeri (çok ince)

3 yumurta, ayrılmış

225 gr / 8 ons / 2 su bardağı sade un (çok amaçlı)

biraz tuz

120 ml / 4 fl oz / ½ fincan süt, artı biraz daha

5 ml / 1 tatlı kaşığı krem tartar

2,5 ml / ½ çay kaşığı kabartma tozu (kabartma tozu)

Birkaç damla limon özü (özü)

Birkaç damla kırmızı gıda boyası

10 ml / 2 çay kaşığı kakao (şekersiz çikolata) tozu

Doldurma ve tepesi için (buzlanma):

225 gr / 8 ons / 11/3 su bardağı pudra şekeri (şekerlemecilerin) elenmiş

50 gr / 2 oz / ¼ fincan tereyağı veya margarin, yumuşatılmış

10 ml / 2 çay kaşığı sıcak su

5 ml / 1 çay kaşığı süt

2,5 ml / ½ çay kaşığı vanilya özü (ekstraktı)

Süslemek için renkli şeker ipleri

Pastayı yapmak için tereyağı veya margarin ve şekeri hafif ve kabarık olana kadar çırpın. Sarıları azar azar ekleyin, un ve tuzu dönüşümlü olarak sütle birlikte ekleyin. Krem tartar ve karbonatı biraz daha sütle karıştırarak karışıma ekleyin. Yumurta aklarını katılaşana kadar çırpın ve metal bir kaşıkla karışıma ekleyin.

Karışımı üç eşit parçaya bölün. Birinci kapta limon esansını, ikinci kapta kırmızı gıda boyasını ve üçüncü kapta kakaoyu karıştırın. Karışımları yağlanmış ve astarlanmış 18 cm / 7 kek kalıplarına (fırın tavaları) dökün ve önceden ısıtılmış fırında 180 °C / 350 °F / gaz işareti 4'te altın rengi kahverengi olana ve dokunulduğunda elastik olana kadar 25 dakika pişirin. Kalıplarda 5 dakika soğumaya bırakın ve soğumasını tamamlamak için fırına koyun.

Muhallebi için pudra şekerini bir kaba alıp ortasını havuz gibi açın. Sürülebilir bir karışım elde edene kadar yavaş yavaş tereyağı veya margarin, su, süt ve vanilya esansını ekleyin. Kekleri karışımın üçte biri ile sandviçleyin ve kalanını pastanın üstüne ve yanlarına yayın ve yüzeyi bir çatalla pürüzlendirin. Üstüne renkli şeker iplikleri serpin.

Gateau St-Honoré

25 cm pasta yapar / 10

Choux böreği için (macun):
50 gr / 2 oz / ¼ fincan tuzsuz tereyağı (tatlı) veya margarin

150 ml / ¼ puan / 2/3 su bardağı süt

biraz tuz

50 gr / 2 ons / ½ fincan sade un (çok amaçlı)

2 yumurta, hafifçe çırpılmış

Puf böreği 225 gr / 8 ons

1 yumurta sarısı

karamel için:
225 gr / 6 ons / ¾ fincan pudra şekeri (çok ince)

90 ml / 6 yemek kaşığı su

Doldurma ve süsleme için:
5 ml / 1 tatlı kaşığı toz jelatin

15 ml / 1 yemek kaşığı su

1 miktar vanilyalı krema

3 yumurta akı

175 gr / 6 ons / ¾ fincan pudra şekeri (çok ince)

90 ml / 6 yemek kaşığı su

Choux böreği (macun) yapmak için tereyağını süt ve tuzla kısık ateşte eritin. Hızlı bir kaynamaya getirin, ocaktan alın ve hızlı bir şekilde unu ekleyin ve hamur tavanın kenarlarından ayrılana kadar karıştırın. Hafifçe soğumaya bırakın ve yavaş yavaş yumurtaları ekleyin ve pürüzsüz ve parlak olana kadar çırpmaya devam edin.

Milföy hamurunu 26 cm / 10½ daire şeklinde açın, yağlanmış fırın tepsisine yerleştirin ve çatalla delin. Choux böreğini standart 1/2 cm uç takılı bir sıkma torbasına aktarın ve milföy böreğinin kenarına bir daire sıkın. Merkeze doğru yarı yolda ikinci bir daire yapın. Yağlanmış ayrı bir fırın tepsisine kalan choux hamurunu küçük toplar halinde sıkın. Tüm hamura yumurta sarısı sürün ve önceden ısıtılmış fırında 220 ° C / 425 ° F / gaz işareti 7'de choux topları için 12 dakika ve taban için 20 dakika kızarana ve kabarana kadar pişirin.

Karameli yapmak için şekeri suda eritin ve hafif bir karamel elde edene kadar 160°C / 320°F'de yaklaşık 8 dakika karıştırmadan kaynatın. Dış halkayı azar azar karamelle fırçalayın. Topların üst yarısını karamele batırın ve dış hamur halkasına doğru bastırın.

Dolguyu yapmak için jelatini bir kasedeki suyun üzerine serpiştirin ve sünger şeklini almasına izin verin. Kaseyi sıcak su dolu bir tencereye koyun ve çözünmesine izin verin. Biraz soğumaya bırakın ve vanilya kremasını ekleyin. Yumurta aklarını sertleşene kadar çırpın. Bu sırada şeker ve suyu 120°C / 250°F'de veya soğuk suda bir damla sert bir top oluşturana kadar kaynatın. Yavaş yavaş yumurta aklarını çırpın, ardından soğuyana kadar çırpmaya devam edin. Kremayı ekleyin. Pastanın ortasına kremayı yayın ve servis yapmadan önce buzdolabına koyun.

Çilek Choux Gateau

23 cm / 9 kek yapar

50 gr / 2 ons / ¼ fincan tereyağı veya margarin

150 ml / ¼ puan / 2/3 su bardağı su

75 gr / 3 ons / 1/3 su bardağı sade un (çok amaçlı)

biraz tuz

2 yumurta, hafifçe çırpılmış

50 gr / 2 ons / 1/3 su bardağı pudra şekeri, elenmiş

300 ml / ½ pt / 1¼ su bardağı çift krema (ağır), çırpılmış

Çilek 225 gr / 8 oz, ikiye bölünmüş

25 gr / 1 oz / ¼ fincan file badem (dövülmüş)

Tereyağı veya margarini ve suyu bir tencereye koyun ve yavaş yavaş kaynatın. Ocaktan alıp hızlıca un ve tuzu ekleyin. Hamur parlaklaşana ve tavanın kenarlarından ayrılana kadar yavaş yavaş yumurtaları çırpın. Yuvarlak bir kek oluşturmak için yağlanmış (bisküvi) bir fırın tepsisine karışımdan birer kaşık koyun ve önceden ısıtılmış fırında 220 °C / 425 °F / gaz işareti 7'de 30 dakika altın rengi olana kadar pişirin. Soğumaya bırakın. Keki yatay olarak ortadan ikiye kesin. Pudra şekerini kremaya çırpın. Yarımları krema, çilek ve badem ile sandviçleyin.

www.ingramcontent.com/pod-product-compliance
Lightning Source LLC
Chambersburg PA
CBHW071430080526
44587CB00014B/1790